本书获2016年贵州省出版传媒事业发展专项资金资助

老干妈和她的辣酱帝国

吴华 / 著

贵州出版集团
贵州人民出版社

图书在版编目（CIP）数据

老干妈和她的辣酱帝国 / 吴华著. -- 贵阳：贵州人民出版社, 2022.10

ISBN 978-7-221-16922-8

Ⅰ. ①老… Ⅱ. ①吴… Ⅲ. ①陶华碧—传记 Ⅳ. ①K825.38

中国版本图书馆CIP数据核字(2021)第233746号

老干妈和她的辣酱帝国

LAOGANMA HE TA DE LAJIANG DIGUO

吴 华 著

出 版 人：王 旭
选题统筹：戴 俊
责任编辑：祁定江 徐小凤
特约编辑：刘 锋
封面设计：刘 霄
版式设计：任贤贤
插图手绘：李新春
出版发行：贵州出版集团 贵州人民出版社
地 址：贵州省贵阳市观山湖区会展东路SOHO办公区A座
邮 编：550081
印 刷：深圳市新联美术印刷有限公司
开 本：787 mm × 1092 mm 1 / 16
印 张：18.25
字 数：209千字
版 次：2022年10月第1版
印 次：2022年10月第1次印刷
书 号：ISBN 978-7-221-16922-8
定 价：59.00元

引　子

2019年11月5日，中国共产党第十九届中央委员会第四次全体会议通过的《中共中央关于坚持和完善中国特色社会主义制度、推进国家治理体系和治理能力现代化若干重大问题的决定》全文发布。《决定》指出，“毫不动摇巩固和发展公有制经济，毫不动摇鼓励、支持、引导非公有制经济发展”“健全支持民营经济、外商投资企业发展的法治环境，完善构建亲清政商关系的政策体系，健全支持中小企业发展制度，促进非公有制经济健康发展和非公有制经济人士健康成长”。

要真正创造好中国的今天，还需要我们总结好昨天的经验，认识好今天的现实，把握好明天的方向。

随着时代的变迁，伴随着社会主义制度成长的民营企业家的现状如何？我们把目光聚焦到了中国民营企业家代表人物陶华碧身上，因为她是非公有制经济的见证者、参与者、实践者和受益者。

陶华碧，生于1947年，42岁开始进军油辣椒产业，成功将“老干妈”油辣椒卖到了全世界。

得益于改革开放的好政策，陶华碧才能构筑“老干妈”的辣酱帝国，成为举世瞩目的“国民女神”，成为中国乃至世界创业者的传奇。

中华人民共和国成立70多年来，特别是党的十八大以来，新时代为“老干妈”这样的传统食品生产企业注入了全新的关键词，大数据、招商引资、精准扶贫这些都能够在“老干妈”企业身上一一对应。

“先富起来”之后，陶华碧不忘带动大家致富。公司从一个小饭馆起家，发展到今天每年上缴税收超过5亿元的企业，在贵州7个县建起了28万亩无公害辣椒基地，直接和间接带动了近800万农民致富。

陶华碧始终感慨，之所以能有今天，得益于党和国家的好政策。她的办公桌后面墙上挂着一幅毛泽东同志的画像，她对中国共产党有着深厚的感情。

20多年来，陶华碧从来不拖欠国家一分一厘，不欠国家税金，也没有贷款，干干净净，一身清白，该赚的钱就赚，不干净的钱不要。有人说陶华碧憨，但她不这样认为，她觉得纳税是光荣的。

“踏踏实实做企业，一分税钱不偷，一点把柄不留，底气十足地跟他们‘干架’！”

不欠员工一分钱。陶华碧拖欠别人一分钱就睡不着觉，她和代理商、供货商之间也互不欠账。“我不欠你的，你也别欠我的，我用质量保证市场。”

公司坚决不上市。在生活中，陶华碧教育儿子，要好生做人，好生经商；千万千万不要入股、控股、上市、贷款，以保证子子孙孙能将“老干妈”企业做下去；打下的江山，就要把它做好做专做精，有多大能力就做多大事情。

她说，自己就是要做实业，对得起祖宗，对得起百姓，对得起党和政府。

陶华碧做人实实在在，不说假话，只说真话，她希望子子孙孙都诚信做人、诚信经商、诚信纳税。她这个人脾气不好，但她心诚。她说：“对人要诚，对人要忠。不管对谁，我觉得诚诚恳恳好一点。”

金杯银杯抵不过消费者的口碑，尽管“老干妈”从来没有打过广告，但是有华人的地方就有“老干妈”。“老干妈”从成立到今天，不融资、不贷款、不上市、不做广告，在各种经济形势下屹立不倒，成就了创造财富、守住财富的传奇。

成长中，陶华碧艰苦朴素，诚信做人。她认为：

危难时，“贷款融资”是个无底洞；

创业时，做企业要干干净净，才能底气十足；

打拼时，打下了江山，就要将其做精做强；

辉煌时，纳税光荣，不贷款、不融资、不上市，做民族品牌，立千秋大业。

很多人都把目光聚焦在陶华碧拥有的财富上，却很少有人关注她的奋斗精神和成长经历。

历史，总要回看才愈能发人深省；未来，总要展望才愈能散发生机。

新时代赋予新使命，新时代开启新征程。我们推出了《老干妈和她的辣酱帝国》这一“大事不虚，小事不拘”的非虚构作品，用陶华碧的故事，展现“贵商”精神的样本，呈现民营企业创业风貌。

吴　华

2021年3月

目录

第一章

一生传奇：老干妈其人

第一节　陶华碧名字的由来

“有华人的地方就有‘老干妈’。”有人甚至认为“老干妈”就是中国版的可口可乐，可是“老干妈”在短时间内就成了国际著名品牌，其品牌历史并不如可口可乐那么悠久。

也许若干年后，陶华碧的后人会像可口可乐公司在亚特兰大建立博物馆那样，在贵阳建立“老干妈”的品牌博物馆，每天向“老干妈”的粉丝讲述“老干妈”辣酱帝国的传奇故事。

这是外人对这个品牌未来的畅想，但在其官方宣传版本中，只有这样简单的文字介绍“老干妈”品牌和陶华碧：“老干妈”是公司创始人陶华碧女士白手起家创造的品牌。1996年，陶华碧女士在贵阳龙洞堡创办工厂生产风味豆豉产品。经过20多年的发展，“老干妈”已经成为深受海内外华人喜爱的辣椒调味品品牌。

简介中，“白手起家”四个字展现了陶华碧的传奇经历。陶华碧出身平凡，但她依靠隐忍、勤劳、诚信、坚持不懈的努力，一跃成为中国企业家的典范。

在关于陶华碧的各类故事里，她被描述成一个贫困、勤劳、诚实、聪明绝顶却又有些泼辣的女人。她的火爆性格和辣椒联系在一起，因此做出了一款风靡世界的风味豆豉产品。这些都成了陶华碧这个“辣椒女神”传奇人生的最好注脚。

陶华碧的故乡在贵州省遵义市湄潭县永兴镇，这里是浙江大学西迁之地。1937年日本全面侵华战争开始后，国立浙江大学师生在著名地理学家、气象学家、教育家竺可桢校长的率领下，怀着“教育救国，科学兴邦”的理想，踏上漫漫西迁路程，于1940年抵达贵州省遵义市湄潭县永兴镇，至1946年6月在此坚持办学7年。当时，一大批科学巨人如竺可桢、谈家桢、苏步青、卢鹤绂、王淦昌、贝时璋、陈建功等相聚于此，为穷乡僻壤的黔北地区播下了现代科学文化的种子，对日后遵义、湄潭经济文化的发展产生了深远影响。

陶华碧生于乱世，没有机会上学，但或多或少受到了大师文化的熏陶。从她创下辣酱帝国的传奇经历以及“老干妈”企业的管理方式和经营哲学中，都可以看出她有超常的管理智慧。这一点，陶华碧本人也很自信，在接受采访时，甚至半开玩笑地说：“你不要看你年轻，说不定我这个老太婆的脑筋比你还好用！”

1945年日本侵略者无条件投降后，浙江大学原校舍经过重新修缮，学校遵义总部于1946年5月开始返杭。就在浙江大学返杭后几个月，陶华碧出生了。

陶华碧生于1947年1月，当时正值解放战争时期，用“黎明前的黑暗”形容这个时期也不为过。

她出生那天，陶家一片繁忙：柴火烧得旺旺的，杀鸡宰鹅，一片喜庆祥和。这不是为了过春节，而是为生孩子作准备。

自然环境往往决定人们的生活方式，黔北农民主要以散居为主，居住地尽量靠近自己家的土地，方便耕种。因此，人们生活更依赖于乡场，运输主要靠人背马驮，而陶华碧父母则在黔北一带乡场靠贩卖布匹为生。所幸的是当地地势较为平缓，土壤也比较肥沃。但当时的生产条件、战事影响和土匪流窜，让当地人都人心惶惶。

当时的农村，连个赤脚医生也没有，仅有一位有过生育经验的妇女——接生婆来帮忙。在那个缺医少药的年代，接生婆负责起十里八村的接生任务，不怕脏，不怕累，死心塌地地帮助主人家，因此非常受人敬重。

接生婆也被视为“送子观世音”“救命的活菩萨”。有的女人在接生婆的手上活了过来，也有的女人在接生婆手上死去。无论贫富，生孩子都是农村人的一件大事。生孩子时，一家人心中既高兴又担忧，由于非常危险，因此用“阴阳一张纸，生死一呼间”来形容临盆的女人。

陶家燃起熊熊烈火，烧水、杀鸡、煮汤、递送衣物，一片忙碌的景象。虽然陶华碧的母亲不是第一次生孩子，但为了让生产过程更顺利，接生婆会让她先吃一个鸡蛋，说：“妹儿，快吃了，有力气才好生啊！”鸡蛋是最好的营养品。通常女人生孩子后坐月子，就是杀鸡炖汤，吃甜酒鸡蛋。

虽然气温很低，但由于生产的痛苦，豆大的汗珠从陶华碧母亲的脸上不断滚落。陶华碧的父亲在屋外心急火燎，一方面，他得挑水、烧水、做饭，还要管好那已经会捣蛋的孩子；另一方面，他不知道这个即将与他见面的孩子是男是女，母子是否平安，这种迫切的期待中暗藏着担忧。当然，他肯定不知道，这个即将出生的孩子未来会成为名震全国的“老干妈”。

就在这位父亲坐立不安之际，房中传来一声婴儿清脆的啼哭。就这样，陶华碧来到了这个世界。按照惯例，接生婆告诉他：“母子平安，恭喜你得了一个绣花的。”

接生婆用这种方式报喜已经非常娴熟，几乎是一套暗语，既让有重男轻女思想的主人家面子上撑得住，又告知了孩子的性别。“绣花的”就是生了女孩，“放牛的”就是生了男孩。当然，有的接生婆还用“锅边转”和“满山跑”来表示生男生女。

那时候，农村家族观念都很强。俗话说“嫁鸡随鸡，嫁狗随狗”，“嫁出去的女儿泼出去的水”，认为女孩子出嫁后就是夫家的人。一个家族想要繁衍下去，只有生男孩子。

陶华碧的出生，却给这个家庭带来了一丝惊喜。陶家在生了两个儿子之后，有个女儿能够让家庭达到性别平衡。老辈人希望儿多女多，有儿子继承香火，也要有女儿，将来年老的时候有个地方走动。但一想到生计，父亲就忧心忡忡。那时物资匮乏，多一个孩子，意味着要多一份口粮，意味着这个本来就不富裕的家又平添了一份生活压力。

农村人给孩子起名也很有讲究，总的原则是怎么难听怎么取，听起来越贱越好，男孩可以叫猫蛋、狗蛋、臭蛋、驴蛋等，女孩稍微好一点，至少不能带贬义，就叫大妮、二妮等。因为大家相信给孩子取个比较“贱”的小名，可以让鬼神不惦记，好养活。这与当时的物质生活条件和医疗条件有很大关系，大家都被病魔给吓坏了。

于是，老人们给这个新生儿取了个名字叫春梅，大概是希望她将来像春天的梅花那样，历经严寒之后，迎来美好人生。

陶华碧家周围都是山，山上长满了松树。风起的时候，山上的松涛声就像松林发出的阵阵怒吼，有人说，这是山神发出的吼叫。因此，陶华碧从小对这片松林是既喜欢又害怕，总不知道那黑乎乎的松林里面会有什么。

长大点后，陶华碧和哥哥们去了松林，发现松林后面有一块平地，路边有些零星的野花，简直就是小孩子玩耍的乐园。

20世纪50年代，当时的中国百业待举、百废待兴，为了满足生产建设的需要，必须砍伐大量的松树作为木材。因此，在陶华碧的家乡，砍树的、抬树木的、锯树木的常来常往。那时候，当地的交通并不便利，松树被砍倒后，还得花些功夫才能运出去。有时候，只能将树木锯断，把丫枝留在村里用作柴火。

陶华碧家附近的土地较为平缓、肥沃，能够产粮。中华人民共和国成立后，当地成立了人民公社，这里就成了农场。有了农场，大家都开始挣工分过日子。只要有一定劳动力的人，都要去干活，有了工分，才能有口粮。人民公社是我国社会主义社会结构的、工农商学兵相结合的基层单位，同时又是社会主义组织的基层单位。

因此，原本封闭的村庄有了很多陌生人出入，有邻乡的，也有外地的。当地人把这些陌生人统称为外地人，这些外地人和本地人不一样，他们说话口音不一样，锯木头时会唱歌，抬木头时会喊号子。

有一天，村里又来了两个陌生人，陶华碧以为，他们也是和那些锯木的人一样，砍了树就走。

这次与以往不同，大人们说，这两个人都是外地人，会在这里住下来，因此担心他们会给小孩子下毒，把小孩子卖了。而且这两个人讲的话也不是很好听懂，哇啦哇啦的。

陌生感往往能够吓唬到小孩。因此，全村的孩子总是带着一丝恐惧感打量这两个神秘人，既好奇又害怕。陶华碧也跟着大家远远看着这两个人——一个青年人和一个老年人。

他们来到村里，对情况基本熟悉后，就开始找来锄头在村头平了一块空地。平地也简单，用砍刀把灌木砍掉，用锄头挖了灌木的根，然后将杂草铲除掉。一个下午，一块见了黄泥底的地被平整出来了，方方正正的。

紧接着，他们借来墙板，开始筑土墙。从他们的架势来看，应该是要修房子。土墙越来越高，十多天后，已有一人多高。

那时候，在农村修建房子是一件大事，通常要经过择基、择期、伐木、请匠人动工、建木构架、装盖、钉大门、安香火等仪式。

大家认为，地基的选择关系着风水的好坏，牵涉到在此居住后是否能人丁兴旺、时运亨通、财运畅通、香火传承等，所以要专门请风水先生来选择地基。地基选好之后，要选择吉日。选择吉日是整个建房过程中的关键，伐木则要看当天是否有“忌务”。建木构架、钉大门、安香火也要选择吉日。立房子时，还要举行一个隆重的仪式，掌墨师傅要说吉利话。

这些仪式在这两个人这里都没有。他们筑好土墙后，就砍了些树木，在土墙外削皮修整。最粗的用作房梁，稍微细点的作为椽，然后加盖了顶，两间土房就建好了。

出于好奇，陶华碧每天都偷偷去看这两个人盖的房子，一两天不见，这房子就变了样。他们用几根木桩做了窗棂，用半透明的塑料薄膜遮了窗户，房子就成了。

这两个人看样子是要在这里长期生活下来。确实，他们用木头架了张床，用黄泥做了个火炉，还添置了一些生活用具。他们非常勤快，房子一盖完，就到山上去捡柴火，并开始在屋子旁边的自留地上种菜。

哥哥们去山上砍柴、干活，陶华碧就跟着他们，挖点野菜、采点松果什么的。

每次经过这栋神秘的土屋时，大家总会绕着走，担心被这两个“外地人”发现。有些淘气的小孩会一溜小跑，然后大喊“外地人来了”，吓得陶华碧跟着他们赶紧跑。

大家都很害怕这两个“外地人”，很多人家都用他们来吓唬孩子。孩子一听到他们，就吓得大气都不敢出。

两个“外地人”很能干，几个月后，他们屋前屋后都堆满了柴火，大堆大堆的。那些捡柴的小孩子们只能眼巴巴地望着，村里一些十三四岁的小伙就去偷他们的柴。起初，大家都很害怕，担心他们出来打人。

后来，被他们看到了，他们却不打人也不骂人。于是，大家胆子更大，开始去偷他们地里种的菜。

农村人最怕孩子偷东西，丢人不说，怕的是从小坏了习性，俗话说“小时偷针，大时偷金”。有一次，陶华碧正出门时，看见村里的孩子又去偷那两位“外地人”的菜。陶华碧心想，别人辛辛苦苦种的菜，凭什么让他们去偷？这叫不劳而获。也不知是哪里来的勇气，她高声喊道：“有人偷菜了！有人偷菜了！”边喊边一口气穿过田野小道，跑到土墙屋向两位“外地人”告状。

陶华碧以为，两位“外地人”听了她的告状应该会很生气。可是，年长的老爷爷只是笑了笑，告诉她：“小孩子不懂事，我们不会责怪他们。”

陶华碧不知道这是怎么回事，睁大眼睛天真地问他们：“你们会下毒吗？会把小孩卖了换酒喝吗？”

“不会！不会！”老爷爷直摆手，最后忍不住笑了。

他对陶华碧说，他们是好人，不会害人。说话间，老爷爷已经递过来一个煮熟的红薯。陶华碧担心这红薯被下了毒，不敢伸手去接。“万一老爷爷是坏人呢？万一老爷爷有传染病呢？”她心里有很多疑问。

但是，她家每天靠吃野菜充饥，很少见到这样的美味，看着眼前的红薯，她的口水忍不住流了出来。老爷爷看穿了她的心思，摸着她的头说：“孩子别怕，爷爷没有下毒。”

她抬头看了老爷爷近一分钟，才怯生生地接过他手中的红薯，狼吞虎咽地吃了起来。老爷爷看她吃得急，赶紧说："别急别急，吃完了爷爷家还有！"后来，老爷爷就给陶华碧讲故事。慢慢地，她知道了，这位老爷爷以前打过仗。他说打仗是为了保家卫国，很多战友用生命给大家换来了今天的美好生活。

老爷爷虽然没有像学校上课那样很正式地给陶华碧上课，但他实际上成了陶华碧的启蒙老师。他给陶华碧讲小马过河的故事、愚公移山的故事，以及红色革命的故事。很多故事都是陶华碧从未听过的，这个外面来的老爷爷讲的故事让她开了眼界。后来，老爷爷给她起了个名字——陶华碧，中华的华，金碧辉煌的碧。他希望小陶华碧长大以后成为祖国的栋梁，把中华大地建设得金碧辉煌。

从老爷爷的口中，陶华碧知道外面的世界有火车、有汽车，还有高楼大厦，开始对外面的世界充满了无限的憧憬。

第二节　老干妈一生的导师

至今，陶华碧仍不知道老爷爷的名字，当时她还小，没想过问老爷爷。陶华碧只知道老爷爷读过大学，在浙江大学西迁办学的时候学习了很多生活本领。在陶华碧眼里，老爷爷是一个有文化、能干各种活，还会做布鞋的慈祥老人。

有一天，陶华碧像往常一样来到老爷爷家，老爷爷看她光着脚丫，便说："孩子，我帮你做双布鞋吧！"

"布鞋！"陶华碧当时都惊呆了。她从来都没穿过布鞋，也没看到老爷爷穿过布鞋，他穿的都是草鞋。她以为老爷爷只是说说而已，就客气地说："老爷爷，你做给自己穿吧，我不穿。"她心想："你连自己都没鞋穿，哪能做给我呢？"

当时的农村很多人都穿草鞋，穷的人家就光脚丫。母亲有一双布鞋，也只有在逢年过节、走亲访友时才舍得穿。老爷爷拿出半截旧床单和一件旧衣服，抖干净，说要用来做鞋。接着，他用笋壳比着陶华碧的脚剪了个鞋样。

陶华碧看过母亲做鞋，纳鞋底，剪鞋样，还要自己纺麻线。

做一双鞋，需要布料不说，还相当耗时费力。一有空，她就去老爷爷那里看鞋做好没有。老爷爷把布粘在一起，拿出去晒干，然后一阵修剪。几天后，一双鞋的样子就出来了。接着，他开始纳鞋底，一根大针，用油抹得滑滑的，穿上线，就开始一针一线地做。

过了十多天，老爷爷把一双新鞋摆在了陶华碧面前。在那时候，能够有一双新鞋是什么样的感受？拿到鞋子的那一刻，她感觉整个人都要飞起来了，非常非常的欢喜，不停地感谢老爷爷。

正当陶华碧沉浸在拥有新鞋子的喜悦中时，最可怕的饥荒来了。这次饥荒，让她刻骨铭心。时至今日，看见谁浪费一粒粮食，陶华碧就会火冒三丈。那种被饿透了的感觉，是见到泥巴都想吃一口。所以现在，“老干妈”食堂里，最严的规定之一就是不能浪费食物。

紧接着就是缺粮，粮食只够吃几个月，还没到年底，大家的粮食就没了。

粮食没了，就吃剩下的土豆，人多土豆少，经不住吃，没几天，土豆也没了。土豆没了咋办？把地里的萝卜挖来吃，没几天，萝卜也吃完了。萝卜没了咋办？上山挖野菜，那些平日里喂猪的野菜，当时也成了宝贝。大家挖来一锅野菜，架在柴火上煮一大锅汤，富裕点的人家在汤里撒点玉米面和盐，一家人就狼吞虎咽地吃下去。

一些年纪小的孩子、年长的老人以及生了病的人，咽不下这种野菜汤，慢慢生了病，最后就走了。

人长期饥饿后，走路都没力气，靠在路边就想睡觉。为了节省力气弄吃的，陶华碧好久都没有去老爷爷那里，有点劲儿就跟着家人上山去挖野菜、找吃的。回来后，陶华碧也要看着他们做吃的，眼睛一直盯着锅，煮熟了，赶紧抢着吃。

有一天精神好些，陶华碧就像往常一样去老爷爷家，发现老爷爷已经不行了，那位青年叔叔已经去别处找吃的了。老爷爷告诉她，自己可能挺不过这个冬天了。

没多久，老爷爷去世了。临终时，他告诉陶华碧，做人要勤快、老实、实事求是，千万不能说假话、大话、空话。现在闹饥荒，一方面是自然灾害，一方面是因为有人说假话、大话、空话，假话、大话、空话最后都现形了。

那时候，陶华碧还不能理解诚信做人的深刻含义，只知道说假话、大话、空话就要吃亏。

老爷爷这些话，对陶华碧一生的影响很大，包括后来她做事勤勤恳恳、实事求是、不偷税漏税，有多大本事就干多大事……这些都与她儿时的经历有很大关系。老爷爷在生命的尽头，拼尽全力讲出的每一个字，都像刀刻一般，一个字一个字深深地刻在陶华碧心里。

第三节 成就一生的手艺

读万卷书不如行万里路，经历才是最好的教科书，这些经历对陶华碧的人生影响远远超过在学堂里学到的东西。因为每一个字，都是别人用生命总结出来的，凝聚了老一辈的智慧、经验和教训。

挺过饥荒，陶华碧为了让家里仅有的口粮变得有滋有味，就变着法子给家人做饭。在遵义农村，女孩子能做好饭是贤惠的表现。因家乡盛产辣椒，大家经常变着花样将辣椒做成开胃菜品，如油炸辣椒、腌辣椒、泡辣椒等。陶华碧也经常做辣椒食品，让全家人吃得有滋有味。那时候，吃饭没味道，就蘸点油辣椒。用野菜和荞麦面做成的粑粑，蘸了辣椒味道就不一样了。

尤其是在物资较为匮乏的年代，辣椒有很多种吃法，贵州人生活的方方面面几乎都离不开辣椒。除了食用，民间甚至认为辣椒能辟邪：孩子哭闹可以用红布做一个辣椒给他们佩戴；做豆腐时担心妖邪来犯，在豆浆上面放上三个辣椒；腰痛的话，用竹子做成弓，再用筷子串一个辣椒做成箭射出去……诸如此类风俗，可以看出辣椒是大家生活中不可或缺之物。

《黔书》中记载："当其（盐）匮也，代之以狗椒（辣椒）。椒之性辛，辛以代咸，只诳夫舌耳，非正味也。"意思是说贵州缺少食盐，于是用辣椒代替食盐进行调味。《思州府志》在药品类中也有"药品：海椒，俗名辣火，土苗用以代盐"之说，可见辣椒对于物资匮乏年代的贵州老百姓来说非常重要。

在贵州，冬季栽种大白菜，大白菜收完后，春末种植辣椒，等到夏天就可以采摘辣椒，采完辣椒后又可以种菜，这样不断循环，将土地最大限度地利用起来。到了夏末秋初，辣椒基本成熟后，就可以采摘到红艳艳的辣椒。这些红辣椒加上本地一些特殊的香料，可以做成纯天然风味的辣椒酱。这是贵州农家的一种传统手艺，陶华碧从小就会，她做出的辣椒酱家人吃了都觉得非常好吃，偶尔有客人来家里，吃后也赞不绝口。

很多人都说，陶华碧做吃的非常用心，制的辣椒酱总是比别人家的香、辣、脆。很多邻居也做，但就是没她做的好吃。

有人来问陶华碧做辣椒酱的诀窍，陶华碧总是谦虚地说："做法都差不多的，就是炒的时候要注意火候。"她不好意思去教别人做辣椒酱呢！陶华碧心里想，这哪有什么诀窍，做吃的和做人一样，来不得半点虚假。油、香料、辣椒要实在，掌握好火候，做功扎实，辣椒酱才会好吃。此时的陶华碧只想做一个贤惠勤劳的女子，没有想到很多年后，这门手艺成就了她的辣酱帝国。

第四节　离开家乡那一步

到了20世纪60年代中期，陶华碧已经长成了落落大方的大姑娘。

陶华碧是那种干得了农活也下得了厨房的姑娘。她白天和公社里其他壮年劳动力一起干活挣工分，回到家里还能做出一手好吃的。生活窘境没有让她折服，而是教会了她做事勤勤恳恳、干活吃苦耐劳。

水利建设作为“农业学大寨”运动的一个重要组成部分，由过去偏重防洪向综合开发利用的功能转变。为了积极响应毛主席“水利是农业的命脉”的号召，大家主要围绕解决农业用水和抗旱问题开展水利建设。那时候，各地都在兴修水利工程，湄潭永兴也不例外。

陶华碧已经成了家里的主要劳动力，在兴修水利的工地上背土、挑石头，和所有劳动力一样干各种各样的粗活、重活。

后来，村里来了一位从贵阳来的陌生叔叔，这位叔叔也给陶华碧讲了很多人生道理。从这位叔叔口中，陶华碧知道了很多英雄故事。

这位叔叔给陶华碧讲了雷锋精神，就是那种在实践中不断丰富和发展着的革命精神。雷锋同志全心全意为人民服务，为了人民的事业无私奉献。后来她才知道，这位很有文化的叔叔曾经参加过保家卫国的抗日战争。他在讲当年打日本鬼子的故事时说，这就是为了让人民当家作主，为了让人民的生活更美好。

这位叔叔还给陶华碧讲了什么叫国之栋梁，以及国之栋梁对于祖国的重要性：一旦栋梁损坏，房子就不行了，因此栋梁要正而直，不能歪歪扭扭的；而能担栋梁的人，要诚实善良、勇于挑重担，不能整天想歪门邪道、投机取巧。他说只要大家团结一致，就能把祖国建设得繁荣昌盛。

那时候，陶华碧虽然不清楚怎么去做国家栋梁，但感觉整个人就像打了鸡血一样，一切都充满了希望，对未来生活也满是憧憬。后来，这位叔叔也去世了。

叔叔去世前的愿望就是把他的杉树苗栽完。于是，陶华碧时不时给叔叔的杉树苗洒水。等到第二年开春，她一个人把这位叔叔没有种完的杉树苗全部搬出来，含着泪一棵一棵地全部栽完。每栽一棵树，她似乎都能看到叔叔讲故事的样子以及他对生活充满希望的样子。

陶华碧心里想，这位叔叔一个人来到这里，他的家人肯定很想知道他的情况，或许他的妻子和孩子都在等他回家团圆。

于是，她暗下决心，要把这位叔叔去世的消息告诉他的家人，以便他的家人逢年过节时可以祭奠他。

陶华碧想给家里人说自己的想法，但不用想，他们肯定是不同意的。为一个毫不相干的人只身去贵阳，大家肯定会认为她疯了。她没有告诉生产队，生产队也不会批准。

就这样，她瞒着家人和生产队，带着叔叔的遗物，只身前往贵阳。

不知道经过多少风餐露宿，陶华碧终于抵达贵阳。

原以为，抵达贵阳就是胜利，但事情没有那么简单，因为她压根找不到这位叔叔的家人。好不容易打听到这位叔叔的单位，结果大家都说不知道这个人。

看门的老人看她每天都这样坚持不懈地守在单位门口，忍不住问她到底要做什么。陶华碧把叔叔的事说了一遍，老人听后非常感动，但告诉她，由于厂里的人员流动很大，找不到这个人了。

老人看陶华碧既没有粮票也没有钱，于是让亲戚介绍她到一个疗养院里去打杂。

后来，老人告诉陶华碧："因为我看你思想端正、品德也好，才敢介绍过去。"

无可奈何，陶华碧选择了这份工作。疗养院的工作很脏很累，主要是端屎端尿，清洗脏被褥、衣物，等等。她好几次都躲着吐了好久，但最后还是坚持了下来。虽然又脏又累，但总比流浪街头好，毕竟有吃有住，还有工资。

就是受那些老革命同志的言行影响，陶华碧知道如何踏实做人、认真做事。

中华人民共和国成立70周年以来，陶华碧见证了时代的变迁、人生的悲喜。70年来，在中国共产党的正确领导下，在中国人民及海内外华人同胞的共同努力下，中华人民共和国取得了举世瞩目的成就，民族独立，国家富强，百姓安居乐业。

尤其是党的十八大以来，中华儿女正式踏上了实现民族复兴梦想的伟大征程，陶华碧也以勤劳的脚步踏踏实实地创造了她的辣酱帝国。可以说，陶华碧的经历和奋斗与国同梦、披荆斩棘、风雨兼程。

陶华碧稍微空闲的时候，会抚今追昔，那些在峥嵘历史大幕下的往事如电影般不停地从她脑海中闪过。这是她对自己过往的回望，也时刻告诫着我们要珍惜今天来之不易的美好生活。

第二章

创业之初：实现创业“冷启动”

第一节　没资本怎么着手创业

陶华碧在贵阳疗养院里的工作非常辛苦，每天照顾那些残疾老人的生活起居，稍有差池，被吼上几句也只能忍着。

每当陶华碧感觉苦累、感觉委屈的时候，她回想起过去被饿得半死时的情形，一对比，觉得再苦再累都是幸福的，至少不挨饿，不被雨淋。

早些年的经历，造就了陶华碧做事踏实、泼辣，不抱怨，但也不服输的性格。

一位阿姨很喜欢陶华碧，就给她介绍了个对象——小李。小李是核工业部206地质队的会计。

在这个阿姨心中，她给陶华碧介绍的小李非常优秀，在地质队工作，年轻、有文化、工资高、吃商品粮。

小李看上去很文静，陶华碧喜欢他，他也喜欢陶华碧的勤快和能干。

一个人在外奔波久了，也想有一个家。所以，陶华碧和小李恋爱后没多久就结婚了。

结婚后，陶华碧有了孩子，于是辞去了工作。没过几年，陶华碧和她同时代的青年们一起迎来了改革开放。

改革开放，是1978年12月党的十一届三中全会后中国开始实行的对内改革、对外开放的政策。中国的对内改革先从农村开始，1978年11月，安徽省凤阳县小岗村实行“分田到户，自负盈亏”的家庭联产承包责任制（大包干），拉开了中国对内改革的大幕。在城市，国营企业的自主经营权得到了明显改善。

对于当时的陶华碧来说，最直观的感受就是：实行改革开放后，身边的人和事渐渐改变了。当然，她还没有意识到这个好政策会成就今日的“老干妈”，甚至没有想到自己离时代这么近，竟然用辣酱书写了中国民营经济中的传奇。

整个20世纪80年代的中国，各种东西方文化思潮风起云涌。这是一个文化重构的新启蒙时期，知识分子热衷谈论人道主义、民主、平等与法制。这个时期的人们，迎来了重新发现和确认个人价值的机遇，这足以令他们这一代人感到无比欣悦和亢奋。陶华碧很幸运地赶上了这样的年代，对自己的美好未来充满了憧憬。可以说，没有改革开放就没有“老干妈”，也就没有陶华碧今天的商业传奇。

改革开放这一关键抉择，堪称中国的“第二次革命”。40多年来，中国发展取得巨大成就，人民生活得到极大改善，从物资短缺走向物资充裕，从贫困走向小康。

从此以后，做生意不再是投机倒把，陶华碧周围开始有人摆摊设点了。

陶华碧看街上有人摆摊设点，问丈夫是怎么回事。丈夫告诉她，现在国家政策好了，实行改革开放，大家可以摆摊经商了。紧接着，就是知识青年上山下乡运动停止了，大批知青陆续返回城市。

原来，党的十一届三中全会以后，中央提出要注意广开门路，发展集体所有制经济，解决城镇劳动就业问题。

1980年，中央召开了全国劳动就业工作会议，又进一步提出“在国家统筹规划和指导下，实行劳动部门介绍就业、自愿组织起来就业和自谋职业相结合”的方针。其中指出，城镇劳动者个体经济有了初步的恢复和发展，但不能适应国民经济发展的需要，必须进一步调整政策，广泛深入地宣传党的方针。

广播里也在宣传城镇劳动者个体经济对于发展生产、搞活经济、满足需要、扩大就业的重要作用，要让城镇劳动者个体经济得到健康发展。

1981年，中共中央、国务院作出了《关于广开门路，搞活经济，解决城镇就业问题的若干决定》，国务院发布了《关于城镇非农业个体经济若干政策性规定》。规定了个体经营户一般是一人经营或家庭经营；必要时，经过工商行政管理部门批准，可以请一至两个帮手；技术性较强或者有特殊技艺的，可以带三个最多不超过五个学徒。允许个体经营户采取来料加工、自产自销、经销代销、摆摊设点、走街串巷、流动售货等经营方式。

这些政策的出炉，意味着经商不再受到打击，而是受到了鼓励和保护。这几年，陶华碧算是受够了。当时，中国绝大多数老百姓过着吃不饱、穿不暖的日子。商品凭票供应，有些商品还脱销。家家顿顿苞谷饭、白菜汤，加上用辣椒制作的各种各样的“下饭菜”，总是吃不饱，大年三十晚上能吃上一顿肉就高兴得不得了。

新政策出炉后，陶华碧身边做生意的人越来越多。那时候，贵阳的街道还很狭窄，过往车辆不多，熙熙攘攘的人流让原本就不宽敞的街道变得热闹非凡。卖菜的，卖油条的，卖水果的，卖小百货的……吆喝声此起彼伏，各种味道混杂。陶华碧感觉这街道像一朵凋零的花儿突然重新盛开，吵闹中充满了生机活力。

陶华碧也想做生意，但是没本钱。后来，她和几个平时玩得好的姐妹商量，干脆去趸菜卖。趸菜就是用批发价从农户那里批量买来，然后按照零售价卖出去，赚取差价。现在讲起来就是一两句话，那时候做起来却非常辛苦。

起初，陶华碧在离城近的地方趸菜来卖，常去冒沙井、汤巴关这些地方，趸了菜就挑回城里卖，走的路不是很远。后来，她慢慢地发现，这些地方离市区近，菜农都知道市区的大致价格，批发价和零售价差不多，菜价较高。但是，如果去更远的地方趸菜的话，价格会更便宜，就能多赚点钱。

于是，她和几个姐妹就商量去花溪、龙洞堡一带趸更便宜的菜来卖。这样的代价就是，她们每天凌晨3点左右就要出门，打着火把走二三十公里路，再挑着菜回来，在人流量大的路边卖。很多时候，她们要赶在吃早饭前到达卖菜的地方，这样菜很快就能卖掉；假如路上有耽搁，过了时间，就要卖到吃晚饭前那一拨。

卖菜这个行当非常辛苦，活不是很重，但很累。当时也没有其他事干，陶华碧觉得就这样能赚到钱也很开心。她心想，这就是按劳分配，多劳多得。

一些女邻居见陶华碧她们挣钱了，也来和她们一起去趸菜卖，结果跟着干了几天，觉得太辛苦就放弃了。可以说，卖菜挣的每一分钱都是真正的血汗钱。

那时候，陶华碧的丈夫虽说是城市户口，但是没有分到房。有了孩子后，陶华碧和丈夫最大的心愿就是存点钱，修个属于自己的房子。丈夫每月工资30元左右，一家人生活、养孩子下来所剩无几，所以只能靠她起早贪黑地去挣钱。

看着孩子特别乖、特别可爱，她想，历经了那么多苦难，现在有了这个温暖的家，再苦再累都值得。

陶华碧曾偏执地认为，新房子就是她的梦想，新房子就是一家人的希望。作为妻子，作为母亲，为了让生活更美好、家庭更幸福，她再苦再累都愿意。

生意遇到困难时，陶华碧在心里一遍遍给自己打气：这算什么苦呢？想想当年在战争中献出生命的革命烈士，想想爬雪山过草地的红军战士，想想为人民服务的雷锋同志，想想在烈火中献出生命的邱少云。这样一来，她又有了力量。

陶华碧一边存钱，一边憧憬美好生活。她每天十多元、几十元地存钱，几年下来，竟然存了一万多元。那时候，一万多元已算很多了，在农村的话，就算“万元户”了。于是，陶华碧开始找人看地基，核算修建房子的成本，开始考虑用什么砖和石料，采用哪种门窗更便宜，甚至连新房的电线、电灯等东西都考虑到了。

此时，小儿子李辉也出生了，这是她感觉最幸福的时刻。好几次做梦，她都感觉住在一栋新房子里，有新床、新沙发、新回风炉，两个孩子在明亮的家里跑来跑去，一家人开开心心的。

有一天，丈夫像往常一样回到家，陶华碧又给他说了建新房子的计划，他满脸疲惫地笑了笑。陶华碧感觉有些不对劲，因为以往说修房子，他都非常高兴的，急忙问他怎么了。丈夫有气无力地挥了挥手说：“不知道为什么，最近总感觉特别特别的累，没力气，也不知道是不是病了？”

陶华碧告诉丈夫：“可能是生病了，不用怕，明天去医院检查，有病治好就行了，现在医学这么发达。”丈夫听了点点头，吃了点东西就去睡了。

第二天，丈夫正好休息，陶华碧就和他去了医院。挂号、排队、抽血等一堆事情做完，已经是一整天。她安慰丈夫说：“很可能是近期工作多，太累了，说不定没啥大毛病。”丈夫长长吁了口气说：“希望如此。”过了几天，检查结果出来，说可能是肺上的问题，要求再去复查。

复查结果出来了，是肺气肿。这对于陶华碧和这个家庭来说无疑是晴天霹雳，也意味着丈夫从此与医院相伴，新房计划就此搁浅。

丈夫知道自己病情严重，心里非常难过，也知道这一大笔医药费用意味着什么。

有一回，丈夫含着泪对陶华碧说，他这一病，以后这个家的重担就要落在她一个人的身上了，他不忍心拖累这个家，因此干脆不治了，留点钱养两个孩子。

陶华碧怎能忍心不治呢？那是她的丈夫，那是陪伴她多年的爱人，那是两个孩子的父亲。

陶华碧一边安慰丈夫，一边盘算这个家要如何过下去。她已经下定决心：新房不修了，把丈夫的病治好了再说。

一边是孩子嗷嗷待哺，一边是丈夫卧病在床。每天，陶华碧要一大早去把菜挑回来，再找个好地方开始卖菜。有时候运气好，几个小时就卖完了。有时候卖不完，大儿子就来守摊，她就赶紧回家吃饭，顺便看一下丈夫的病情。丈夫看她辛苦，很难过，但陶华碧总给他打气，让他安心养病。

那时候不像现在，有个医保什么的，看病都是自己掏钱，遇到大病就是个无底洞。

没多久，陶华碧存的钱就花完了，丈夫的病情仍没有好转。有些挑菜来卖的人想早点回家，就把菜趸给她，她则在趸的价格基础上略卖高点。

有时卖菜晚了，孩子们就给她端来米饭。为了省钱，她就用自己做的辣椒酱拌了吃。孩子们看她吃得香，也抢着吃，一家人就这样苦中作乐地坚持了下来。

一看到丈夫，陶华碧就一阵揪心的痛。看病要钱，她手里已经没有钱，积蓄也全部花光了。卖菜所得除了解决一家人的生活，已经无法支撑丈夫看病，亲戚朋友也没法帮助太多，但陶华碧仍然坚持要给他看病。好好一个大活人，不可能因为生病就放弃吧。后来实在没有办法，陶华碧借了她人生中第一笔贷款——高利贷。

有一回，丈夫很想吃肉，虽然没钱，陶华碧还是给他买了些。她回家把肉剁成肉末，撒点葱花、姜末等，做成肉圆子，再放在汤里一煮，葱香混着肉香味，一下子飘满整个狭窄的屋子。

当她把肉圆子汤端到丈夫面前时，孩子们在旁边馋得忍不住吞口水。他们知道父亲生病了，肉要给父亲吃，但仍然管不住自己，直勾勾地看着碗里。陶华碧怕丈夫看了难过，吃不下，赶紧把他们轰出去玩耍。

丈夫眼睛一动不动地看着陶华碧手中的碗，一个大男人竟然眼泪汪汪的。陶华碧宽他的心说："这有什么，他们以后长大了，有的是吃的。现在你生病了，需要营养，你先自己好好吃着。等你好起来了，你再去赚钱买给他们吃，让他们吃个够！"

丈夫听她这么一说，抹了一下眼角说，要好好照顾孩子们，他这辈子是照顾不了孩子们了，也看不到他们长大成人了，希望陶华碧"自带饭碗"，将儿子李贵山和李辉抚养成人。

听完他的话，陶华碧内心一阵酸楚，她知道丈夫得的是绝症，但她相信总会好起来的。但没想到，丈夫这番话成了临终嘱托。

1984年，陶华碧的丈夫去世了。丈夫去世那一瞬间，陶华碧整个人都愣住了，血一下子往头上涌，脑子也乱哄哄的，眼泪忍不住哗啦啦流了下来。她的手脚冰凉发软，嘴皮子也不利索了，人一下子瘫软在地上。

第二节　高额债务拿什么还

丈夫去世后，留给陶华碧的是无尽的悲痛和两个孩子，还有一大笔债务，好在地质队每月补贴她家30元，有时候也能解决生活中的燃眉之急。

周围老有热心人给陶华碧介绍对象，但都被她一口回绝了。她知道，如果重新找个对象，对方可能会对她好，但未必会对两个儿子好。陶华碧答应过丈夫要好好照顾孩子们，她不能只顾自己，让孩子们难过。每次这些热心人来找陶华碧谈这个话题，她就这样分析给对方听，推说等两个儿子都成家立业再说。别人一听，就知道陶华碧不想找对象，这种说辞不过是在堵说媒人的嘴。时间久了，大家都知道她的心思，也就不再给她介绍对象了。

后来听说去广东打工能挣钱，陶华碧也去了广东打工。去之前，她特意带了好几份辣椒酱，一是怕自己不一定能适应外面的口味，二是为了吃饭省钱。

早在1979年7月15日，中央正式批准广东、福建两省在对外经济活动中实行特殊政策、灵活措施，迈开了改革开放的历史性脚步。南方已经实行改革开放，很多工厂如雨后春笋般发展起来。打工期间，陶华碧看到了经济的发展方向，当时就想，要是自己在贵阳也能搞一个厂，这样就不用跑大老远来打工了。但她知道，这就是想想而已，自己能够把欠的债还了就不错了，想有个工厂简直是穷疯了才会有的念头。

陶华碧将自己带的辣椒酱分给厂里的姐妹们吃，大家都夸好吃，希望她以后多做点来。那时候，陶华碧也没有想到，这能够做成一门生意。她只知道一个人在外面打工的滋味不好受，每天都在牵挂两个可爱的孩子，一发工资就汇款回去还债。每次想到孩子们，她就忍不住流下泪来。李贵山和李辉都还小，正是需要妈妈陪伴的时候。

那时候通信不发达，陶华碧又不会写信，很难了解家里的情况。这种骨肉分离的痛，一般人是很难体会的。没多久，她实在忍受不了这种分离，决定还是回贵阳。

1985年2月出版的《中国青年》的卷首语这样写道：

“这是一个壮怀激烈的时代，一个创新的时代，也是一个竞争的时代。竞争，归根到底是人的竞争，人的素质的竞争。中国青年要有自信力。个人对人类来讲自然是沧海一粟，但个人所蕴含的能量又足以使他干大事业、成大气候。不要小看自己，你能够自立于强者之林，你应该有信心成为最出色的人。

“有一种陈腐的社会心理对中国人的束缚尤其沉重，那就是大到事业探索、小到服饰举止，都唯恐与众不同、唯恐个性鲜明。该是大声疾呼的时候了，那种自视渺小、崇尚谦卑的传统教育早已不适应当今时代。让那些不同凡响、标新立异的前驱者成为时代的骄子吧！”

陶华碧不识字，没有看到也看不懂这种宣言式的文字，但是这种创新思潮已在中国大地蔓延开来。她自己经历过的岁月，有蹉跎，有磨难，甚至有绝望。此时，这个全新的时代让她充满希望。

回到家那天，陶华碧才知道，孩子们听说她要回来，已经连续好几天在村口守着，每天守到夜里，大人们连哄带骗才把他们弄回家。

从此，陶华碧又开始卖菜。趸、洗、捆、卖，这个过程现在看来倒是简单，但其实很多人都无法想象那时候的艰苦。挑菜的路虽然就七八里，远的也就十多里，但脚上穿的是草鞋，一到下雨天，草鞋在雨水里一泡，就不能穿了，只能光着脚走。光着脚踩在煤渣路上，每走一步都是钻心的痛，刚开始时皮都磨掉了好几层。天气热的时候也不敢把伤口包起来，怕捂着会发炎。伤口好了之后，干活时又被磨烂。一段日子之后，脚上结了一层厚厚的老茧。

孩子们也听话，大儿子李贵山帮她守摊，但李辉还小，得花更多心思照顾。苍天不负苦心人，她家的生意得到很多热心人的照顾。有些人来买菜，把钱递给李贵山，随便拿点菜就走了，都不用称了。

陶华碧人缘好，很多人看他们孤儿寡母的，都想帮她。但卖菜很苦，有时候眼看菜卖不完，就要赶紧挑起走街串巷卖。陶华碧有个毛病，挑东西只能用右肩，不会换肩膀挑，因此特别累。到了晚上，她已经筋疲力尽，但为了生计和还债，没别的办法，睡四五个小时后，清早又得赶紧起床去趸菜。

那时候一斤菜只赚几分钱，一天下来能赚几块钱已经很不容易。每天吃辣椒拌饭，然后靠趸菜卖一分一厘地赚、一分一厘地省。欠债的利息却是不断地累高，随着时间的推移，利息都多了几千元……

陶华碧眼看再这样下去不行了，根本还不完债。于是，她卖完菜，就赶紧去石山上干活，帮人背碎石，价格按方算。一堆石头，加班加点地背，有时候到凌晨才背完。躺下没多久，她又要赶紧起床去趸菜。鞋破了，就光着脚走，脚上由于长期劳作磨出的厚茧，倒是让光着脚踩在碎石上也不那么疼了。

好几次，陶华碧背完石头都差点靠在路边睡着了。这个时候的陶华碧非常瘦，大家一看她都说："陶华碧，你怎么瘦成了皮包骨！"

陶华碧告诉他们："天生的筋骨人，就是这么瘦，长不胖，没办法。"

嘴上撑着，心里却想：自己都快被累死了！最后，她硬是凑钱把债还完了。经过这次后，陶华碧不断告诉自己和儿子们：千万别贷款，尽量别向别人借钱，自己有多少用多少，有多少钱做多少钱的事。

第三节　小吃行业的差异化经营

卖菜赚钱，大家就一哄而上。后来，蔬菜生意越来越难做了，街上卖菜的摊点一排一排的。有时候，为了争摊位，摊贩们还要抡扁担打架。竞争越来越大，有时陶华碧稍微晚点到，摊位就被人占了，她也不得不和别人争吵。

到了后来，一些卖菜的人开始要手段，用八两秤、九两秤来卖菜。这样他们就可以假装价格比别人略低，实际上菜少了许多，买一斤菜，只得到八九两。一些不明就里的人便选择去买他们的菜，认为陶华碧的菜价格高。有人也劝陶华碧要些手段，但她始终坚持干干净净做事、明明白白做人。她知道，得到别人的信任是一辈子的，偷奸要滑做人，能得眼前的利益，但不会长久。

卖菜竞争太大，而且利润很薄，陶华碧决定干点能赚更多钱，也不这么苦这么累的活。

穷则思变，变则通。任何变革都是因为对旧事物不满，但即便找到了改革的方向，也总是伴随着障碍和不适。卖菜太苦太累，挣不了钱，那么就得做点其他生意。陶华碧一边卖菜一边盘算：卖水果的有了，卖豆腐的有了，卖小百货的有了……最后，她把做生意的目标定格在凉粉和米豆腐上。

陶华碧天资聪颖，把做生意想成打仗一样。在陶华碧公开的视频和音像资料里，可以看出她朴素的表达里，蕴藏着人与时代的深刻辩证法。或者说，她天生就具备这样的“商业军事才能”，这就是她目不识丁却缔造了“老干妈辣酱帝国”的原因所在。在这个世界上，没有无缘无故的传奇，也没有无缘无故的伟大。

为什么选择做凉粉和米豆腐？陶华碧或许说不出大道理，但实际上已经开始剑走偏锋。

自幼生活在资源贫瘠的大山，经历了时代剧烈转折所带来的挑战与磨砺，让陶华碧具备了强大的抗压能力、反弹能力、捕捉机遇的能力和忧患意识。

事实证明她是对的，凉粉和米豆腐与周围的摊点形成差异化，再加上凉粉和米豆腐只需在家加工好，销售现场无须生火蒸煮，这就减少了很多生意上的麻烦。就是这个小生意的选择，成功体现出了陶华碧高超的商业智慧。

第四节　小摊主的供应商思维

此时的陶华碧，已经有商业领袖的气度。

改革开放初期市场化过程中，各种市场乱象出现，掺杂使假、缺斤少两是商贩们赚快钱的伎俩。但陶华碧做生意不掺杂使假、不缺斤少两，一开始就拒绝用这种手段赚快钱。“洁己是心豪”，陶华碧在进入市场那一刻，她的志向就不是贪小利、赚快钱，而是选择用诚信打动消费者。这直接决定了她与普通商贩的不同命运走向。

这与刘邦当年进入咸阳的情形有些相似。刘邦进入咸阳后，也被秦宫的珠光宝气迷乱双眼。但是，他依然果断离开了秦宫，对秦朝百姓“约法三章”，对秦朝府库、宫室、百姓做到秋毫无犯。而项羽进入咸阳后，屠城、杀降、抢珠宝、烧宫室，无恶不作。最终，刘邦夺得了天下。

在战斗中学会战斗，在卖菜中陶华碧掌握了经商的“诀窍”——物美价廉。

“物美价廉”这四个字在当时特别流行，但是真正懂得其中含义的人不多，能做到的更是少之又少，陶华碧则读懂了这四个字的精髓。因此，她卖的凉粉和米豆腐，价格低，味道好，分量足。有了这三点，她的凉粉和米豆腐不好卖都不行。

陶华碧卖米豆腐也有自己的渠道。很多人挑着叮叮糖、爆米花等往居民区走，陶华碧则不然，挑着米豆腐就往学校走，时间赶在学生放学之际，总会有嘴馋的学生买上一碗，边走边吃。

此时，改革开放的新政策已经激发出大家的创造力，在贵阳，个体户布满了大街小巷。那时，国家企事业单位的工资还没改革，当时有句很流行的话——造原子弹的不如卖茶叶蛋的，意思是搞高科技的人的收入不如做小生意的人的收入多。于是，不少人开始放弃“铁饭碗”，摆摊卖羊肉串。

那时候，陶华碧改变了原有的生活规律，每天晚上都要熬夜做好凉粉和米豆腐。凉粉和米豆腐放凉需要一些时间，因此，清早她可以有空闲去市区买原材料，买回家后稍事休息就挑着凉粉和米豆腐出去卖。

米豆腐的摊点设在206地质队驻地附近，这里有贵州省公安干部学校（今贵州警察学院）的师生及地质队的工作人员，人来人往，非常热闹。陶华碧选择这里也有自己的打算：离家近、熟人多，有较大的消费群体，可谓占据了天时、地利、人和。

陶华碧思维非常灵活，从做小生意起就已经有“供应商”思维，做的米豆腐除了自己卖，同时也批发一些给其他摊点。

空闲之余，陶华碧就去逛其他摊点，和摊主摆龙门阵拉家常，从而了解大家的需求。一些做凉粉、凉面不好吃的摊点，她就指点人家，一来二去就和这些人成了朋友。最后，别人见她做得确实好吃，干脆每天从她这里低价购买凉粉和米豆腐去卖。陶华碧也不心狠，略赚点钱就给了对方。渐渐地，她做凉粉和米豆腐好吃的名声传出去了，既让别人的生意不错，又让自己薄利多销。

第五节　把一碗米豆腐做成“爆款”

这时候，两个孩子都已经渐渐长大。刚开始，陶华碧的凉粉摊点不固定，是用箩筐挑起凉粉、米豆腐去卖。后来，在孩子们的帮助下，她用石块、砖头砌了两堵矮墙，上面放上平整的木板，摊点才固定了下来。为了躲雨和遮太阳，又在上面加了棚子。一年过后，他们又将棚子扩大，摆上些桌椅，方便大家用餐。

随着孩子们慢慢长大，陶华碧渐渐高兴起来。李贵山和李辉都会来帮她挑箩筐、搬东西、守摊点。陶华碧怕累着他们，不愿意让他们做。这时，孩子们会懂事地说：“妈，我们都这么大了，如果你不让我们做事，别人看了会笑话我们的。”

孩子们都这么说了，陶华碧只能把手里的活给他们。看着他们渐渐壮实的肩膀上挑着担子还活蹦乱跳的，陶华碧心里甜滋滋的。

那时候没有电话什么的，“交通基本靠走，通信基本靠吼”，两个孩子就主动承担起了陶华碧和摊贩们传递信息、物品的任务。

生意越来越好，陶华碧像打了鸡血，蒸冷面，做米豆腐，炸辣椒……做好后就赶紧送到别人店里去。一些店原来生意不好，但用了陶华碧的原材料后，生意竟然好转了。

做油辣椒，陶华碧有的是办法。她生在辣椒之乡，懂得选好原料，掌握火候，让油辣椒真正香、辣、脆，煮面条、吃馒头时放上点都会很好吃。

凉粉、米豆腐要做得好吃并不复杂，一是凉粉、米豆腐要做得好，二是油辣椒也要做得好。因为凉粉和米豆腐的吃法相对简单：拌点油辣椒，加点葱花、酱油和醋，就成了美味。

有一次，陶华碧重感冒发高烧，浑身酸痛，卧床不起，勉强爬起来做了凉粉、米豆腐。准备做油辣椒时，她实在坚持不住了，就让孩子去别人家买了点油辣椒来用。为了不耽误生意，她让两个孩子守摊，到了下午，才勉强去看摊点。她一到摊点，就有食客过来抱怨，说当天的油辣椒不好吃。陶华碧一五一十地给他们说了当天的特殊情况，食客们说就是喜欢吃她家的油辣椒。那天晚上，陶华碧连夜加班制作了油辣椒，第二天看到食客们满意的样子，心里乐开了花。

时间长了，有些人主动向陶华碧要油辣椒带走，陶华碧心里乐滋滋的，那种兴奋就像作家写下好作品后遇到懂得阅读的知音。油辣椒是陶华碧的作品，她最希望的就是大家认为她的油辣椒好吃。后来，她在摊点旁边放了一盆油辣椒，让大家自己装了带回家。

陶华碧不是那种纯粹逐利的商人。发展到现在，企业金融化和她的辣酱帝国资本化呼声一浪高过一浪。白酒金融化、茶叶金融化、大数据金融化……市场上有潜力的东西都想金融化和资本化。但是，陶华碧不想，从创业之初，她就对资本的贪婪保持高度警惕，对自己的贪婪也时刻保持戒备。

她的生意已经超出了简单逐利的范畴，甚至带有某种理想主义色彩。她希望自己的美食得到社会的认可，尽管那时她或许还没有用辣椒酱征服世界，没有建立“老干妈辣酱帝国”的想法。

陶华碧这种朴素的“美食理想主义”让她有了认识世界的高度，她想实现自己的“美食价值”。这种想法让她看清楚了生意场中的纷纷扰扰。正因为如此，她从成千上万的摊贩中脱颖而出，找到了一条只属于她陶华碧本人的商业路径。

陶华碧不懂商业模式，但逐渐知道了自己的凉粉和米豆腐好卖的核心竞争力就是油辣椒。凉粉和米豆腐的味道大同小异，油辣椒的味道好对于凉粉和米豆腐的口味有画龙点睛的效果。油辣椒成了陶华碧的“独门武器”。她做的油辣椒的确有一种神奇的魅力，那缺乏个性的米豆腐，搅拌了她做的油辣椒后，突然有了小李飞刀一样锋利的口感，“咻咻咻”地割破一个个平庸的清晨和午后。作为她家的核心竞争力，就像修炼武功一样，陶华碧每天就琢磨怎么把油辣椒做得更好。多年坚持下来，她炒制油辣椒的功夫也开始登峰造极。

第三章

大商之道：以义为利，利人利己

第一节　让顾客得实惠的消费体验

凉粉和米豆腐销量的稳步增长，让殚精竭虑的陶华碧舒了口气。她为这个凉粉摊投入了所有精力，包括原材料采购、加工、送货都亲力亲为，并且整日守在摊点前。在这个过程中，她发现自己做的油辣椒特别受食客欢迎，有的客人来吃凉粉和米豆腐，目的竟然是为了吃油辣椒。食客们搅拌好油辣椒后，大口将米豆腐卷入舌尖，那辣椒的味道如同推开了一扇尘封许久的大门，那植物破碎的味道从舌尖蔓延到全身。这辣椒的味道生出了一个红衣女巫，在舌尖跳动妩媚的舞姿。那一刻我们才明白，食物与邪恶就隔着一道舌尖之门。

如果说20世纪80年代是甘霖初降后一场充满野性的万物生长，那么20世纪90年代的中国品牌则开始真正走进规则与差异化的竞技场。不管是智慧使然还是幸运光顾，陶华碧几乎都踩中了时代的鼓点。1989年，在大家的帮助下，陶华碧在龙洞堡的学校附近找了一个地方，开起了

“实惠饭店”。陶华碧对饭店的定位非常明确：一要好吃，二要实惠。但此时，陶华碧没有将油辣椒作为经营的重点。在她看来，油辣椒仅仅是一种“独门暗器”，虽然极具杀伤力，但很难上台面成为美食界的“武林至尊”。

如今回头来看，陶华碧在开“实惠饭店”之时，已经掌握了商业的精要。从凉粉摊到“实惠饭店”，都是今天“老干妈辣酱帝国”的缩影。大道至简，大音希声，陶华碧不会写那种天花乱坠的广告文案，她知道任何花哨的包装都是表面功夫而已，“物美价廉”四个字足以征服世界。

从“实惠饭店”的名称就可以看出陶华碧的商业才华。为什么选择“实惠”二字给饭店命名？因为她就想通过名称告诉大家：到我家吃饭很实惠。

可以说，陶华碧掌握的消费的本质，除了实惠，那就是做好产品、服务热情，在今天已经壮大的贵阳南明老干妈风味食品有限责任公司（以下简称老干妈公司），仍然能够感受到当年“实惠饭店”的热情。一次，笔者前往老干妈公司采访，公司电梯里、办公室门上到处挂有红色绸缎，让人感到无比喜庆。进入办公室后，一位穿着朴实、看上去老实憨厚的办公室工作人员用红色的盘子端来瓜子，盘子里还放着一包香烟和一个打火机，久违的暖意顿时迎面而来。

“实惠饭店”并非如我们常见的饭店那样是红墙高屋、宽敞气派，而是陶华碧带着孩子们用砖头、石块、石棉瓦盖的棚子。这算是以前的凉粉摊的“升级版”，板凳、桌子更好一些，四面有了些遮挡，其中一面墙就靠着贵州省公安干部学校（今贵州警察学院）的围墙。

陶华碧卖的米豆腐价低量足，吸引了附近几所中专学校的学生常常光顾。

陶华碧天生勤快，闲不得。在客人来之前，她已把饭店收拾得干干净净。她知道，做饮食这个行业，首先要做到的就是干净。如果干净都做不到，别人怎么会来吃你做的东西？客人走了，陶华碧也会把饭店整理得干干净净。对每个来店里的客人，她都是笑脸相迎，问他们还需要什么。客人要辣酱、葱花等，她就赶紧给他们端去，如果忙不过来，就请客人自己拿。做服务就是用心，陶华碧把客人当成了朋友，空闲时候就和他们拉家常、开玩笑。

陶华碧根据不同的人准备不同的分量，让每个来吃的顾客都能够吃饱。当时附近货车司机多，他们跑了长途，陶华碧就给他们准备大碗，让这些司机能够吃饱；附近学校的女学生来吃，知道她们的食量小，就给她们少点；一些男学生来，就给他们多放点粉面。

很快，陶华碧的“实惠饭店”生意好了起来，一传十，十传百，味道香，能吃饱，还实惠，成了很多客人的首选。其实，陶华碧知道，饮食这东西，就是站在客人的角度考虑。就这样，附近学校的学生们告诉了老师，老师们也经常来“实惠饭店”吃粉面。

后来，生意渐渐好起来，陶华碧就请了些学生做小工，也就是现在说的勤工俭学。

当时，别人赚一块的，她只赚五角，物美价廉的利润就是来自薄利多销，这也是陶华碧成为“美食界泰斗”的终极理论。刚开始，店里是粉面收钱，油辣椒赠送，很多客人吃了后，都要打包点油辣椒带走。陶华碧就准备了一些类似罐头的广口瓶，将油辣椒舀在里面，盖子一盖，给了客人。

开了这个饭馆，陶华碧感觉整个人生都有了希望。贵阳人常说“嚯嚯银子嚯嚯钱”，做生意就要“嚯得好”（注：贵州话，意思为亲和力强），和顾客搞好关系，人家才会来消费，你才能挣到钱。

当时，陶华碧的很多顾客就是附近中专学校的学生。这些学生家庭条件都不是很好，很多是父母含辛茹苦地送到贵阳来读书的，就是希望毕业了能够找份好工作，不再当农民，能够出人头地。

陶华碧是吃过苦的人，一看学生们的衣着和拿钱的方式，基本就知道他们的家庭情况。遇到家庭条件不好的同学来，她就特别关照。看着这些孩子能够吃得饱饱的，她心里就非常舒坦。有时闲了，她就会主动去和他们闲聊，问他们老家是哪里的，读书情况如何，将来打算去哪里，一来二去，和大家都熟悉了。

此时的陶华碧，已经不再是当初那个卖菜的普通家庭妇女了。她虽然不识字，但经过社会磨炼，懂得了许多人生道理。她背着背篼去城区买食材，回来时被公交车司机拒绝乘车，一边追着公交车跑，一边骂公交车司机不近人情。其实，那时候每一趟公交车都挤满了人，挑箩筐和背背篼的乘客，往往会被司机挑剔。

陶华碧脚踏实地从最基层干起，生活中的各种不如意让她明白了世间诸多道理，就是自己必须要强大起来。她甚至幻想过自己有一辆车，就再也不用受这些窝囊气了。一个母亲拖着两个孩子，当生活把她逼到绝境的时候，她的内心就会慢慢变得强大起来。生活中方方面面的压力，都是赋予她今后足够强大起来的动力源泉。

陶华碧虽然目不识丁，但此时已经悟出一些商业上的“道”：人欺地皮、地欺肚皮，商业上玩不得半点虚假，做生意就像踢一场足球比赛，获胜者是时间、体力、耐力、爆发力综合起来最强的队伍。所以，从那时候起，陶华碧在生意场上就开始做一只憨厚老实的乌龟，拿自己的一辈子，甚至是子孙的未来来进行龟兔赛跑，最终成功跑到了终点，达到了人生的巅峰。此后，陶华碧开始在贵阳餐饮行业中崭露头角，并渐渐成为主角。那时的商业披着多种外衣，关乎唯利、欺诈与传奇，袭击了那一代最富激情的年轻人。陶华碧不唯利却成了传奇，原本打算做一个美食家，却成了小饭店老板。陶华碧用口号、美食和诚信反抗当时社会的不良潮流，用不拘一格的美味凝聚起爱与美好的生活象征，用辣椒这门传统的调味品创新领导了当时的美食文化先锋，用对主流商业潮流的叛逆的经营方式传达着她的人生态度。

著名策划人王志纲认为，陶华碧性格与任正非有些相似，都是有点“日鼓”。“日鼓”是贵州话，大概意思就是倔、认死理、坚韧不拔、百折不挠。他在评价陶华碧这种精神时说道：“这个世界，不缺聪明的兔子，他们闻风而动，尔虞我诈，绝不吃亏；独缺憨实的乌龟，他们尊重人性、恪守常识、坚韧不拔。短时，后者常常是前者嘲笑的对象；假以时日，聪明的兔子多成愚笨的乌龟的殉葬品。”

第二节 “不纯粹”商人的生意经

陶华碧脾气很“鼓”，但心肠特别好。除了有绝世的商业才华，她还是个“刀子嘴豆腐心”。

时间长了，陶华碧和打零工的学生们熟络起来，便给这些孩子讲做人的道理，比如，做人就要脚踏实地、简单务实。孩子们也高兴，在干活挣点零花钱的同时，还能有这样一位好心阿姨孜孜不倦地教导自己。

在这些打零工的孩子中，有个叫小飞侠的女孩子，她个头不高，但口齿伶俐、机敏过人。

有一次，小飞侠和陶华碧把店面收拾干净后，她看着锅里剩下的粉面，小心翼翼地问陶华碧，能否煮一碗粉带走给同寝室的同学吃，陶华碧应了声“可以”。

小飞侠便自己动手煮了一碗粉。刚把粉捞到碗里，陶华碧抬头看了一下说：“不够的话，再多加点。”

小飞侠的脸一下子成了猪肝色，她以为陶华碧是在讲反话。陶华碧一看，知道小飞侠理解偏了，赶紧笑着说："你们现在都在长身体，多吃点，吃得饱饱的。"

一打听，才知道小飞侠寝室的同学来自农村，因为害羞没有出来勤工俭学，也没钱吃东西，因此晚上只能挨饿。陶华碧吃过苦，知道饥饿难耐的滋味。

那时候，陶华碧根本没有想过这些贫困学生会成就"老干妈"这个大品牌，她只是力所能及地帮助他们而已。

不少学生来实惠饭店，陶华碧总会抽时间和他们聊天，了解他们的学习情况。可怜天下父母心，她看着这些孩子，希望将来别人也能够像她一样善待自己的儿子李贵山和李辉。

一来二去，学生们和陶华碧成了熟人，不少人手头紧，都在她这里吃饭后赊账。一位熟悉陶华碧的人透露，那时候学校周边饭店不堪学生赊账困扰，都贴出了类似"本店只收现款，赊账免开尊口"之类的提示，只有陶华碧大胆地赊给学生们吃。

一些学生钱不够问能否买半碗粉时，陶华碧也同意，嘴上说半碗，实际上给他们加了比一碗还多的量。

欧阳就是以前经常光顾实惠饭店的学生。他就在实惠饭店附近读技校，家里条件较好，因此很调皮，平常一副"操社会"的样子，动不动就说去打谁、去骂谁。

"给我来一碗素粉，加粉。"他第一次来到实惠饭店时，满脸汗水，一边用汗衫擦脸一边对着陶华碧喊，那样子非常像《水浒传》里的梁山好汉。后来，其他来店里吃饭的人告诉陶华碧，这家伙在学校调皮捣蛋，经常打架斗殴，看谁不顺眼了，冲过去就要打架，好几次都被学校要求请家长，保证书都写了几回才得到继续读书的机会。

他每次来实惠饭店，都是狼吞虎咽地吃，把碗都舔得干干净净，然后大大咧咧地付钱走人。

有一段时间，他来吃素粉，没加粉，也没加肉。陶华碧问他为什么不加粉了，他有些尴尬地笑着说："这几天没钱。"

"没钱了也加，你现在长身体，别饿着。"陶华碧边说边给他加粉，有时候他来甚至不收他的钱。

陶华碧一次次语重心长地给他说："要好好读书，学了本事以后找个好工作，才能不像陶阿姨这样整天辛苦劳累。"欧阳也是个嘻嘻哈哈的孩子，他说："在贵阳就只有你唠叨我了，你咋说我就咋做，你就像我干妈一样。"

有一天，陶华碧在店里做事，突然间听到一个熟悉的声音："给我一碗素加粉！"抬头一看，是欧阳。陶华碧心里想：奇怪了，这个时间正是上课时间，他咋会有时间来吃粉。

一问，这家伙逃课出来玩了，陶华碧当时就火冒三丈，感觉逃课的不是欧阳，而是她的儿子李贵山或者李辉。陶华碧心想，他的妈妈或许也正在像她一样辛苦地工作，只希望孩子能够读书成才。如果得知自己的孩子没有上课而是出来玩耍，那位母亲岂不是要被气死！于是对着欧阳就是一顿劈头盖脸的批评："你父母大老远从农村把你送到贵阳来读书，你想过他们现在正在做什么吗？可能是在地里汗水大颗大颗地滴。

你在这里倒是潇洒，逃课出来耍。考得上技校，但你如果毕不了业，没有工作，你有哪样脸面回家面对你父母？”陶华碧当时就是把他当成了自己的儿子一样质问，也没有考虑他的感受。

欧阳没有说话，埋头猛地几口把粉吃完，满脸通红地给陶华碧道歉：“干妈，我马上就回去上课，从今以后我好好读书！”

从此以后，欧阳都没有来她店里吃粉。陶华碧心想，不会是上次说得太狠了，这家伙记恨在心，不来这里吃粉了吧？或者即便不记恨，他觉得见面尴尬就不来了，也可以理解。她一盘算，这欧阳已经欠了几十元。

后来有一天，陶华碧向一个学生打听欧阳的情况，对方告诉她：“欧阳家里好像出了点事，钱好像供应不上，准备退学回去了。”

陶华碧一听，这咋行呢？农村人考上个技校多不容易。于是让这位同学捎信给欧阳，喊他来找她。欧阳一听头皮都炸了，正没钱呢，这干妈肯定是来催债了。这家伙倒也不逃避，再来到实惠饭店时已经不是以前混社会的模样，而是羞怯怯地走过来，低声喊了一声“干妈”。陶华碧问他：“你是不是准备不读书了？考上技校不容易，好好读，有时间来我这里帮哈忙，就像我多个儿子。你要好好把书读完，这样才对得起你父母的汗水。你欠我的钱，也销账了。没学费，我借给你。”

陶华碧说这话时，心里也哽得厉害，强忍住眼泪没让流出来。她知道自己遇到困难的时候，硬是没有遇到像自己这样的好人。欧阳一听，眼泪就滚了下来，扑通一声跪在地上：“好的，你以后就是我的老干妈了。”

“认老干妈”是贵州的一种风俗，比如谁家孩子生病，就会请当地道士先生翻翻生辰八字，找个人拜为老干爹或者老干妈，以避灾挡难。久而久之，人们在心目中就形成了一个特别亲切的形象，就是“老干妈”。

实惠饭店人来人往，很多人见证了这感人的一幕。从此以后，大家无论什么场合都喊陶华碧“老干妈”，很多来店里的客人见他们喊，也跟着喊。时间一久，很多人都不知道“陶华碧”这个名字，工人、学生、农民、过往的货车司机都以为她就叫老干妈。年轻人喊她老干妈就算了，有些七八十岁的老人也这样喊她。刚开始时，陶华碧心里有些不乐意，但转念一想，这又不是什么大事，只是个称呼而已，他们爱怎么喊就怎么喊吧。

“老干妈”就这样和陶华碧的命运绑在了一起，成了一个另类的称谓，这个称谓格外让人温暖。可以想象，一个通用的称谓落到陶华碧身上，就已经不再是个普通的称谓，而是一个具有特殊含义的“商业图腾”。

第三节　城管上门来揩油

做餐饮是个体力活，不仅要做得好，还要人勤快。成了“老干妈”依然要干活，陶华碧每天凌晨三点左右就要去几公里外的市区进货。她卖过菜，知道哪种菜最好最新鲜，和商贩们也熟悉。大家一见她去，就会给她推荐好的菜；如果菜不是很好，也会悄悄给陶华碧示意，让她去买其他家的。通常逛一两个小时，葱、蒜、肉、生姜、八角等食材就慢慢把背篼装满，然后背着往回赶。

由于背篼太大，占地方，心好的公交售票员理解，让大家挤一挤，让陶华碧上去，一些特别“拽”的售票员就死活不让她上车。

当时，单人车票是一毛五分钱，陶华碧给双倍钱——三毛。但是，他们还是不让坐，要把陶华碧赶下车。陶华碧有时候实在走不动了就只能赖起，说今天非坐不可，和他们一路吵，吵着吵着就到龙洞堡了。

有时候这些家伙态度非常恶劣，一下子把她推下车，就是不让坐。

这样的话，她只能背着背篼走回去。这时候，她特别难过，心里骂着售票员，然后背着东西还得继续走。

这些菜虽然不算重，但背着走得久了还是很吃力，城市又不像农村那样容易找到地方休息。因此，这样背着一口气走一两个小时，到店里的时候，背系会将肩膀勒到红得发黑，皮肤痛得不得了，脚底的老茧就更不用说了。

所以每次能够坐上公交车，陶华碧都感觉特别特别的幸运，对公交司机说一堆客气话。到了店里，也不能马上休息，还得将买来的食材清洗干净，该切的切，该腌的腌。所有工作准备停当后，在清晨七点左右，饭店开门开始迎接客人。

晚上十点左右，吃饭的人渐渐少了，陶华碧才慢慢收工，随后又开始制作油辣椒、水豆豉。做油辣椒、水豆豉、豆腐乳，陶华碧从不会偷工减料，从选择原材料到之后的每一道工序都严格执行，不会因为偷懒而省掉半分工序。

做吃的来不得半点不实，你偷工减料，食品的味道自然要变差。

那时候，陶华碧并没有什么把“老干妈”卖向世界的远大理想，她只是想把这个饭店开好，把生意做大做强。

到了20世纪90年代，改革开放的春风已经吹遍祖国各地，贵州响应改革开放的号召，开始大力发展民营经济。大家开始“摸着石头过河”，认同“不管黑猫白猫，能捉老鼠的就是好猫”。贵州对民营经济的政策有了很大变革，对民营经济不限发展比例、不限发展速度、不限经营规模、不限经营方式、不限经营范围，只要不违法、不违背社会公德，都可以经营。

这给了很多民营企业发展机遇，陶华碧就是顺应了这个时代发展，成就了她的“老干妈”。

实惠饭店生意越来越好，很多司机、学生、老师都纷纷来这里吃饭。她的店面也没什么特殊，既没有精致的装修，也没有特别好的位置，靠的就是口碑相传。大家都争着要来“老干妈”家吃饭，当时确实有点“酒香不怕巷子深”的感觉。

很多人来陶华碧这里吃饭，每次都夸她家的风味豆豉、风味油辣椒、豆腐乳、香辣菜等好吃。他们觉得陶华碧家这些下饭的小菜好，豆豉味道正宗，香辣结合恰到好处；油辣椒辣、脆、香皆有；香辣菜有自然香辣的本味。当时，很多饭店都要去别家饭店门口喊客，到后来竞争激烈了甚至动手拉。因此，旁边一些饭店来陶华碧的饭店门口拉客人，各种实惠，各种打折，各种宣传，但客人就是不去。有的客人甚至生气了，甩开那些拉客的人，硬是要来实惠饭店吃饭。

这个饭店的经营理念和陶华碧的做人风格高度吻合，不自吹自擂，坚持诚信待人，坚持货真价实。

时间长了，实惠饭店生意火爆，周边饭店门可罗雀，于是很多人眼红了，偶尔也会有人来找碴儿。这么多年来，陶华碧就一个性格，她相信是福不是祸，是祸躲不过。因此，那些人故意来找麻烦，她也不惧怕。每次面对困难，她就像打仗一样，该硬拼的就硬拼，而且还要打赢。

很多货车司机来陶华碧家饭店吃饭，其他饭店老板就不高兴了，认为是陶华碧抢了他们的生意。因此，他们隔三岔五找些事，说司机的车停在他家门口，影响他生意了什么的。陶华碧就给他们讲道理："大家都停车在马路附近吃饭，又不是我陶华碧一家这样做。"

他们来吵，陶华碧就和他们吵。有的威胁说要打架，陶华碧拎起扁担说："你们来，我随时'恭候'！"

那时候饭店烧煤炉，一些部门的工作人员三天两头来找麻烦，吃拿卡要，动不动就说要罚款。陶华碧无路可走，就和他们"干架"。

你要钱可以，但是要合理合法。好多人认为陶华碧孤儿寡母的好欺负，但他们错了，陶华碧骨子里有一股与生俱来的倔劲。有一次，城管的一名工作人员周末来实惠饭店，准备要"罚款"，没穿制服也没带证件，陶华碧问他这是哪门子执法。陶华碧说："国家政策都支持我们发展，我们按照规定缴纳税金。你要执法可以，但要按照国家法律法规来，按照执法流程来。如果你想来敲竹杠，那是算盘打错了。"

遇到这种情况，陶华碧总是硬顶上去。这是陶华碧做事的原则和智慧。长期以来，她总结出了经验，如果这次妥协了，明天来找碴儿的人更多。她没有读过书，不知道"破窗效益"的理论，但却明白生活中"破窗效益"的原理。

美国政治学家威尔逊和犯罪学家凯琳提出的经典的"破窗效应"理论认为，如果有人打破了一个建筑物的窗玻璃，而且在打破后也没有得到及时的修理，其他人就会受到一些示范性的纵容从而去打破更多的玻璃。渐渐地，破窗多了，就会带来无序，在这种公共氛围下就会滋生犯罪。

陶华碧心里非常清楚，如果自己对一个人妥协了，另外一拨人马上就会来，还会变本加厉，进而更多的人都会来找她的麻烦，提出一些无理的要求，最后砸了她的饭碗。刚开始，帮她忙的学生们都担心，怕她得罪别人，总是劝她忍让。但陶华碧告诉他们，别人都不怕得罪她，她又怕得罪他们什么。那时候，陶华碧心里在想：别说是竞争对手，哪怕是土匪，都要跟他拼下去。“你把我杀下去，我就要把你杀下去。”

陶华碧认为，只要自己不偷不抢，响应国家号召做生意，别人想来欺负他们孤儿寡母，那是绝对不能容忍的。在面对困难的时候，陶华碧绝不让步。这就是市场的丛林法则，也是市场的残酷所在：强者生存，弱者灭亡。

第四节　被迫停业寻出路

陶华碧开饭店的诀窍就是让顾客得到真正的实惠。在她饭店吃了饭的客人，她会送他们一些自己做的油辣椒。后来，要油辣椒的人多了，她在饭店门口摆了个摊，让大家自己拿，把钱放到摊边的纸箱里就行了，相当于半卖半送。

有一天，陶华碧身体不舒服，没有做油辣椒。当时她以为，一天没有油辣椒应该问题不大，不会影响生意。但事实不是这样，当天实惠饭店就出现了开业以来少有的冷清。很多人一听当天没有油辣椒，都跑到隔壁饭店去了。

做生意要了解对手。那一天，陶华碧也没有急着去制油辣椒，而是到周围饭店去拉家常，顺便看看别人家生意如何。她走了几家，他们生意都不错，只是老板有些尴尬，他们都在将平时从陶华碧家半买半送来的油辣椒卖给顾客。这些顾客竟然为了买油辣椒，来他们这里吃饭。陶华碧当时有点想不通，回来认真思考一番后，就开始控制卖出去的油辣椒了，不能让它成为竞争对手的“优势”。由此可见，陶华碧与普通商贩不同，她会分析市场竞争以及自己的优势。

今天回头来看，会认为陶华碧那时候把油辣椒作为吸引顾客的独门手段，没有把它作为一个产品来卖，是缺乏长远考虑的。但“事非经过不知难”，那时候连改革开放都是“摸着石头过河”，陶华碧一介农民，压根都不知道食品厂是怎么回事，要让她一下子从饭店跨越到食品厂很不现实。因此，她得循序渐进、脚踏实地、稳扎稳打地建立“老干妈”的辣酱帝国。

陶华碧每天晚上炒几个小时的油辣椒，第二天半个小时就卖完了，完全供应不上来。这辣椒就靠她一个人炒，她感觉身体透支得很快，一两年时间，头发白了许多。慢慢地，她发现卖油辣椒比开饭店还挣钱。很多人自己带个大碗、小锅什么的，来实惠饭店这里买油辣椒，说拿回去吃面条或者炒菜时放一点，很好吃。来买油辣椒的人也变了，以前是货车司机，现在很多人开小车来买。那时候，能开小车的人很少，能开的人都是非富即贵，他们每次一来就夸她做的油辣椒好吃，然后买许多带走。

实惠饭店隔壁的饭店老板老黄是个机灵鬼，大家都是老熟人，他便时不时过来和陶华碧拉家常，顺便也看看她家的生意。

有次，他实在找不到话讲，就对陶华碧说：“老板娘，你家今天生意好哩！你这纸箱里怕是有几百块了，不怕哪个趁你不注意给你拿走？”

陶华碧也半开玩笑回他："哪个敢拿，我打断他的狗腿。"老黄看她这儿生意噌噌上去了，心里像蚂蚁在爬。

有时候没生意，陶华碧在饭店门口休息，很多人来劝她开个食品厂，专门卖油辣椒。老黄也凑过来劝，顺便也打听陶华碧的思路。

没多久，老黄也开始炒油辣椒了，也在门口摆了个摊卖。刚开始，陶华碧家油辣椒没了，他也能卖出一些。但后来一些人来，听说陶华碧家没有油辣椒，转身就走。

有几次，客人都准备在老黄那里买油辣椒了，见陶华碧家端出了油辣椒，立即将老黄家的油辣椒倒了，来买陶华碧家的。后来，为了和别人家有所区别，在实惠饭店勤工俭学的学生帮陶华碧用纸板写了"老干妈"三个大字的牌子插在摊子上。渐渐地，很多人知道，油辣椒最好吃的就是"老干妈"家。"老干妈"成了陶华碧的代名词。

陶华碧做生意就是薄利多销，宁赚千人一毛，不赚一人十块，所以回头客特别多。他们都觉得陶华碧不是那种投机取巧的奸商，而是实实在在的商人。俗话说"路遥知马力，日久见人心"，诚信需要时间来检验。

那时候没有媒体去关注陶华碧，在大家眼里，她只是一个生意较好的饭店老板而已。

到后来，陶华碧的油辣椒生意越来越好了，周围的饭店都开始卖油辣椒，但他们好像是不受上天眷顾，都没有生意。很多人慕名而来，就是要找"老干妈"家。一听说不是"老干妈"家的，客人扭头就走。很多人还专程请朋友到龙洞堡帮带"老干妈"油辣椒回去，带别的油辣椒回去就不行。

这个时候，大家都来劝陶华碧转行，专门做油辣椒。但做什么都不可能一帆风顺，唐僧取经都要经历九九八十一难，创业更是如此。

1994年左右，龙洞堡附近修了公路，路一通，实惠饭店的生意一下子好了起来。

于是，陶华碧就用赚来的钱装修了一下饭店。那时候，她还是想把饭店开好，毕竟这是她一手开起来的。

很多人来劝她转行的时候，她都婉言谢绝。生意好了，陶华碧就白天炒辣椒，晚上也炒辣椒。这个时候，周边学校领导来打招呼了，说以后不能炒辣椒了，因为炒辣椒呛了教室里的学生，他们不停地咳嗽，影响教学。

当时确实也没有学生来给陶华碧讲过这个问题，但老师和学校领导都来了，让她选择，要么搬走，要么停止炒辣椒。站在学校和学生的立场，这样也无可厚非；但站在陶华碧的立场，这是一个天大的难题。刚刚装修没多久的餐馆，让她搬走，肯定舍不得；不搬走，又不能炒辣椒。她就是靠辣椒起家，不炒辣椒，这生意怎么做？此时，陶华碧遇到了一个巨大的困难。

第五节　不起眼的辣酱能当生意做

人就是这样被逼出来的，有时候，困难来了，想方设法地克服，结果却找到另外一条新路。

这里不准炒辣椒，但油辣椒生意又非常好，很多人都劝陶华碧放弃饭馆，专心去做油辣椒生意，那才是她的核心竞争力。陶华碧给他们说，自己在这里一边赚钱，一边还能让那些没钱的孩子吃饱，如果搬走了，很少有饭馆会像实惠饭店这样给他们多打饭菜。大家一听乐了，觉得陶华碧看似聪明，其实有点傻。

周围很多小饭馆老板也给陶华碧说："你的油辣椒确实好吃，要不你再开一家调味店，把油辣椒按批发价给我们，省得我们像以前偷偷摸摸去你那里拿油辣椒。"

这些老板也要生存，虽然平日里他们都很滑头，但是他们这样坦诚地说出心里话，陶华碧听进了心里。

1994年11月，陶华碧就把实惠饭店改成了“贵阳南明陶氏风味食品店”，主要卖油辣椒等产品。

这个店开起后，生意也出奇的好。没做吃的了，学生们来店里，陶华碧只能给他们一点馒头、饼干蘸油辣椒吃。她这人从小被饿怕了，见不得别人饿。这些学生们吃了觉得好，每逢假期都要带几瓶回家给爸爸妈妈尝一尝。

过往的司机一次也买五六瓶，他们买些馒头放车上，饿了就蘸着油辣椒吃。这些油辣椒都是陶华碧按照传统做法亲手制作的。陶华碧做生意只有一个原则：不坑人，不害人。

这就是“老干妈”最初的样子，当时占据了天时地利人和。“天时”就是省内大力鼓励发展民营经济，陶华碧虽然没读过书，但身边的人一个个都富裕起来；“地利”就是贵阳交通不断改善，在龙洞堡附近修了一条对于当时来说已经算很宽阔的公路，车流量一下子增加了；“人和”就是大家都在口口相传，把“老干妈”这个牌子打响了。

开食品店的时候，有一些人想利用陶华碧来打品牌，想投机取巧，她果断地不与他们合作。陶华碧身上有一股企业家的霸气和果断，认为自己打下的品牌，就只能属于自己，其他人想来凑——滚！

与其他产品相比，陶华碧的“老干妈”没有做任何广告，但从“老干妈”这三个字，能够读到产品的质朴和可靠。“老干妈”的家喻户晓，完全就是靠产品的口碑，而不是概念上的吹嘘和夸大；不是出自叶茂中、王志纲这样的大师策划，而是自然而然地形成了这个品牌。这个品牌有很强的穿透性，或者说策划大师都未必能想到“老干妈”这个品牌。陶华碧就凭借“老干妈”这简简单单三个字的品牌名扬天下。从观察者的角度来看，从“实惠饭店”到“老干妈”，在起名方面，陶华碧需要的是一个别人一看就知道企业本质的名字，她自己做什么、怎么做都浓缩到了名字上面。

当然，“老干妈”产品风行世界与辣椒这个产品有很大关系。辣椒在明朝中后期随荷兰人占领台湾而流传到我国，并迅速拥有了一大批忠实的食用者。

据清代赵学敏《本草纲目拾遗·卷八·诸蔬部》记载：“人家园圃多种之，深秋山人挑入市货卖，取以熬辣酱及洗冻疮用之，所用甚广，而《纲目》不载其功用。陈灵尧《食物宜忌》云：食茱萸即辣茄，陈者良。其种类大小方圆黄红不一，惟一种尖长名象牙辣茄，入药用。又一种木本者，名番姜。范咸《台湾府志》：番姜木本，种自荷兰，开花白瓣，绿实尖长，熟时朱红夺目，中有子辛辣，番人带壳啖之，内地名番椒；更有一种结实圆而微尖，似柰种，出咬嚁吧，内地所无也。《药检》云：辣茄，一名腊茄，腊月熟，故名，亦入食料。苗叶似茄叶而小，茎高尺许，至夏乃花，白色五出，倒垂如茄花，结实青色，其实有如柿形，如秤锤形，有小如豆者，有大如橘者，有仰生如顶者，有倒垂叶下者，种种不一。入药惟取细长如象牙，又如人指者，作食料皆可用。”

另外，根据《本草纲目拾遗》记载，辣椒“《食物宜忌》云：性辛苦大热，温中下气，散寒除湿，开郁去痰消食，杀虫解毒。治呕逆，疗噎膈，止泻痢，祛脚气，食之走风动火，病目发疮痔，凡血虚有火者忌服。《药检》云：味辛，性大热，入口即辣舌，能祛风行血，散寒解郁，导滞止泻，擦癣”。

辣椒由国外传入，却风靡中国。尤其在我国南方地区，辣椒是大多数人日常饮食中的必需品。因此，“老干妈”无意间选择了一个能够被世界认可的产品品类——油制辣椒。

开始专门制作油辣椒后，陶华碧将这些油辣椒让龙洞堡周边的凉粉店及餐馆分销。陶华碧心中有股倔劲，就是做什么都要做出名堂来。既然选择做油辣椒，就要做好，不能让别人笑话。“人争一口气，佛受一炷香”，陶华碧当时憋了一口气，就是要把生意做得红红火火的。

开弓没有回头箭，陶华碧在云关村租了两间房，招了40余名工人，开始进行生产。只不过，这个生产还很简陋，包装也很简单，就是买一些罐头玻璃瓶，洗干净后晾干，然后装上油辣椒，用干净的塑料布往口上一盖，麻绳一拴，就装好了。

有了工人，陶华碧的压力就来了。这些工人如果闲着，就没钱养；让他们生产油辣椒，就得有销量。陶华碧选择了后者，让工人们抓紧生产，产品就叫“老干妈麻辣酱”。陶华碧不懂营销，但懂得广而告之，因为她的每一瓶“老干妈”都是广告。她在卖“老干妈麻辣酱”的摊点上挂了一块牌子，让大家知道这是“老干妈”的产品。

即便如此，产销的问题依然压在了陶华碧肩上。周围的凉粉店和饭店已经消化不了生产出的产品，陶华碧就背着背篼挨家挨户去推销“老干妈麻辣酱”。陶华碧分析，直接推广给消费者显然不可能，便把目标锁定在了食品店、小百货店以及一些单位食堂。她选择的这些目标群体，往往能够影响一大片人，这样的销售事半功倍。

一些店主不知道“老干妈麻辣酱”，陶华碧就让他们先行试销，卖出去了再给钱。让她意外的是，没多久后，这些试销点纷纷打电话来加倍订货，因为她的麻辣酱非常好销。

但是在销售中也遇到了问题，一些人一看这个“老干妈麻辣酱”连标签都是打印的，没有生产厂家，没有生产日期，没有生产许可证，都不敢要，说怕被工商部门查到销售“三无”产品。陶华碧好说歹说，还有不少吃过“老干妈麻辣酱”的人来帮忙解释，但别人仍然不买账。

陶华碧心里明白，要做好产品，必须有相应的资质，办理正规的手续。只有拥有相关的食品生产资质，产品符合国家食品标准，才能在市场上畅通无阻。

此时的陶华碧，逐渐褪去身上浓郁的草莽气息，舍离了小商贩那种小打小闹，选择了远大却充满荆棘的品牌之路。虽然历经坎坷，甚至半途亦有折戟沉沙，但“老干妈”最终脱颖而出，赢得了新世纪竞争开启前的领先地位。

这时候，无数一夜暴富的“神话”正在上演，但陶华碧已然开始从理性与长远的角度，思索从企业向品牌、从生意到价值的跨越。

第四章

稳步运营：走进“老干妈”生产车间

第一节　从食材源头保证产品质量

经历了些波折，1996年，陶华碧的食品厂总算慢慢步入了正轨。都说千军易得，一将难求，在这期间，陶华碧找到了一个很得力的干将小李，还租下了云关村的一个大厂房。小李主要负责办理营业执照、组织机构代码证、税务登记证、食品生产许可证、健康证等一堆证照。

此时，陶华碧的产品已经在贵阳稳住了脚跟，有了很大的市场需求，愁产不愁销。

陶华碧认识不少炒辣椒的工人，他们以前在帮别人炒，一听说陶华碧要办食品厂，立即来跟着她干。

看到100多张老面孔围在自己身边，陶华碧既欣喜又担忧，欣喜的是他们选择跟着自己，担忧的是如果食品厂办不好就对不住大家。

1997年7月，从泰国开始的亚洲金融危机对全球的经济产生强烈冲击，东南亚各国货币大幅度贬值，并迅速波及日本、韩国、俄罗斯以及拉丁美洲的一些国家。一些国家在这场金融危机的冲击下，经济形势严重恶化，甚至出现政治动荡。

在亚洲金融危机爆发后的一个月，也就是1997年8月，“贵阳南明老干妈风味食品有限责任公司”正式挂牌，工人队伍一下子扩大到200多人。那时候，陶华碧还不知道亚洲金融危机是否会波及这个襁褓中的老干妈公司。实际上，国家一系列稳定的金融政策为陶华碧这样的创业企业创造了一个良好的经营环境。

由于中共中央和国务院早在1993年就开始针对国内金融秩序混乱等情况实施宏观调控，坚决、有效地抑制了“房地产热”“开发区热”和“股票热”等可能导致泡沫经济的情况的发展。1996年1月，全国金融工作会议提出了“坚持适度从紧的货币政策”“加大金融监管力度，切实防范金融风险，维护金融业的合法稳健运行”的任务。1997年1月，全国金融工作会议再次提出要“切实整顿金融秩序，防范和化解金融风险，深化金融体制改革，明显提高金融企业的经营管理和服务水平”，并提出将1997年作为防范金融风险年。

中国政府负责任的积极态度，既赢得了国际社会的赞誉，也促进了中国金融业的平稳发展和国民经济的稳定增长，并对亚洲乃至世界金融和经济的稳定发展作出了积极贡献。

虽然老干妈公司在金融危机爆发之际成立，但受金融危机的影响并不大，陶华碧依然能够专心致志地干事创业。

陶华碧给大家说：“你们好好干，我老干妈除了开你们工资之外，还包吃包住。”当时，很少有民营企业给员工这样的待遇。陶华碧当时想，要让大家把企业当成家一样，齐心协力把食品厂办好。

没有鞭炮，没有鲜花，陶华碧让人用一丈二尺长的红布在厂房门上扎了朵大红花，就这样开业了。扎大红花在贵州风俗里叫“挂红”，每逢喜事都要“挂红”，图个吉利，预祝事业红红火火。

厂房里摆了近十口大锅，安装了排风扇，因为炒辣椒的气味很刺鼻，如果空气排放不好，会呛到人的。做油辣椒是门技术活，不但要求配方独特，掌握好火候也非常关键。

掌握火候非常考验人，它不像数学题，一加一必须等于二，而只能靠经验来判断。别人做的油辣椒为什么没有陶华碧做的好，一是他们的配方问题，二是火候问题。

大多数人掌握不了炒辣椒的火候。炒辣椒时间短了，就炒生了，生了的话辣椒特别辣，但不香；时间长了，炒过火了，辣椒不但不辣还有煳味。那究竟要多长时间呢？这个时间也不能确定，火大时间就短，火稍小时间就长。

工人们也把握不住这个火候，必须陶华碧来。光看辣椒炒的成色也不够，还要尝味道。陶华碧把厂房分成了四个操作间：选料间用来选生辣椒和初加工，生产间用来生产炒制油辣椒，洗瓶间就是把每个瓶子都洗得干干净净，包装间就是把油辣椒灌装后包装成成品。

这四个操作间都重要，但起决定性作用的是生产间。生产间是核心部门，产品质量的好坏完全取决于这里，其他几个生产流程相比起来都只是锦上添花。

生产间有五六百平方米，陶华碧让工人去买耐火砖砌了十几个灶台。灶台中间安装了炉桥，还留了烟囱，最上面糊了一圈耐火泥，趁耐火泥还没干的时候，抬一口直径1.45米的大铁锅安在上面。等耐火泥干了，锅就和炉子成为一体，即便重新换锅，也能很好地黏合在一起。这样的一口大锅一次能够炒辣椒50斤左右。陶华碧不像那些有管理经验的企业家，只能亲自带着大家干，慢慢摸索管理方式。

第二节　无可替代的“品辣师”

陶华碧在这些灶台旁边生了一个蜂窝煤炉子，一边炒，一边试做一些新产品。大家都知道贵州茅台酒有品酒师专门把关，“老干妈”油辣椒制品则是要陶华碧来把关，她用经验来把控油辣椒的质量。

从卖菜到卖米豆腐，再到后来开饭馆，陶华碧总结出了一套经验：食品就靠品质打天下。某种程度上说，服务或者其他的都是辅助。服务质量不好，顶多影响顾客心情；但食品质量和味道不好，则是影响顾客的健康和消费体验，也会让消费者对一个品牌失去信任。

每天一早，陶华碧都要来到厂房，看大家清洗辣椒、切辣椒等准备辅料的工作，然后看生产间的工人们把优质的菜籽油烧好，把辣椒放进锅里，炒一会儿香味就出来了。她会不断地在生产间走动，通过三步看辣椒是否炒好：先要看辣椒色泽，用不锈钢漏瓢舀起锅里的辣椒来看；色泽达到了她的要求，然后就用小碗舀点来闻；闻起来可以了，就要进行品尝，只有口感完全达到“老干妈”的标准，这样的辣椒才能出锅。

经过千百次改进，陶华碧的油辣椒做出了大众口味。正因为大家对“老干妈”油辣椒的喜爱，让陶华碧对产品质量把控非常有信心。不合格的产品，陶华碧宁愿亏本丢掉，也不让它流入市场。

陶华碧就是这样的性格，做事情就是这样的态度，坚决不干砸自己招牌的事，否则宁愿不做。她做生意就是图消费者的口碑和信任。

品尝油辣椒，味觉非常重要。因此，陶华碧不能喝酒和茶，只能喝白开水，这样才能保护好自己的味觉。很多人看陶华碧尝辣椒觉得很简单，但在尝的这个过程中，她却能够综合地捕捉和品味到麻辣味及香味。

一段时间后，工人们和陶华碧配合得已经很默契。每天她在锅边转的时候，他们就把用小碗装的自己炒的辣椒拿过来给她尝。她对他们炒的辣椒进行判断后，告诉他们下一步该怎么做。

“这锅还要炒一分钟……”工人们立即看时间，炒一分钟后再给陶华碧尝。“这锅可以了，赶快出锅。”工人们立即把辣椒从锅里面捞出来。

工人与工人之间的配合也很默契，见到有要赶紧出锅的，一些才开始制油的工人赶紧过来帮忙，你一瓢我一瓢地把辣椒捞完。这样迅速起锅的辣椒味道非常好，刚好达到脆而不煳。这看起来容易，但和世上所有的事一样，好和更好都容易做到，因为都有参照，要做到刚好却是最难的。炒辣椒就是要做到刚好，没有参照，没有标准，就只能自己寻找参照，自己创造标准。

炒好的辣椒要放在大锅里冷却几个小时，刚出锅时还不是那么脆，一冷却便脆了，看上去油亮亮的，非常赏心悦目。

为了保证辣椒质量，陶华碧给工人下了严格的命令，她让起锅，大家立即起锅，一分钟都不能耽误，谁要是不听耽误了，她就要找他麻烦。一段时间后，工人老刘便跑来给陶华碧说：“老干妈，你别每锅都尝，这样很辛苦，我们已经有一定经验了，炒辣椒大概差不多就行了，不要这样较真。”

陶华碧很严厉地告诉他：“不行！这炒辣椒关系到产品质量，必须执行，这是死命令。”

陶华碧不太会讲大道理，她的要求就是这样，想到的必须马上执行。如果这里松懈一下，那里松懈一下，整个产品质量体系就垮了。产品质量对于产品本身，就像子弹对于枪一样，子弹都哑火了，你还拿什么去打天下？后来，陶华碧要求大家都买秒表，她的命令下达后开始计时，保证时间执行精确无误。

第三节　工人吵着要换岗

辣椒虽然是很多家庭的必需品，但是，摄入过量也不是什么好事。古书中记载，辣椒能“生风动火”“血虚有火者忌服”。中医理论认为，辣椒和白酒一样也会导致人体的阴气、阴液受损，从而出现一系列“生风动火”的阳性病症。

因此，尝辣椒也是个苦活。每天尝第一口还觉得辣椒香，但尝了几十甚至上百次，又辣又烫，整个嘴都辣得受不了，中午吃饭的时候老是觉得没味道。天天尝辣椒多了，火重，每隔几天，嘴就会起泡，这时只能吃消炎药，多喝白开水。

陶华碧虽然辛苦点，但这保证了油辣椒出去几乎没有什么问题。

在油辣椒味道方面，很多人是用食用碱来调节辣味。有人建议陶华碧也这么做，陶华碧说自己没什么文化，不知道这个食用碱会不会变质或者存放久了吃了对人身体会不会有害，因此还是坚持用自己的笨办法。陶华碧知道，自己做的油辣椒是给人吃的，人在做天在看，出了问题要“遭天谴”。

她所谓的笨办法就是：遵义辣椒辣味足，花溪辣椒香而不辣，她就像调酒师勾兑白酒一样，把遵义辣椒和花溪辣椒混在一起，找到一个既不是很辣、香味也非常好的比例。根据市场上的需要，她开始做其他口味的油辣椒。有段时间人们喜欢吃“鸡辣角”，她就做加了鸡肉的油辣椒出来。经过多次调试，大家试吃后觉得味道很好，而且也达到了陶华碧的要求，就开始大批生产销售。需要牛肉味“牛辣角”，也是以同样的办法进行。

那段时间，陶华碧几乎忙疯了，一边要管生产，一边是新公司的厂房、证照、销售、资金问题，有时候还要解决工人的问题，此外还要和工商、税务、城管等部门打交道。

有一天，陶华碧像往常一样来到厂房，平时清洗和切辣椒的几个嬢嬢就跑过来向她诉苦：“老干妈，你看这切辣椒特别难，呛得眼睛受不住，你帮我们换个岗位嘛！”

陶华碧一问，原来是她们切生辣椒时间长了，呛得她们直流眼泪。陶华碧把她们几个喊到选料间，抓了一把清洗好的辣椒，提起菜刀飞剁起来，三下五除二把辣椒切好，然后耐心教她们：“这切辣椒哪有你们想象的那么老火，熟能生巧，你们切的时候，头抬高点，不要把脸凑得太近，这生辣椒气息就熏不着你们了。”

陶华碧还告诉她们，工作的时候要有好的习惯，切完辣椒立即洗干净手，免得一不小心摸了自己的脸或者眼睛。“做哪行都辛苦，我天天尝辣椒嘴巴起泡不辛苦？炒辣椒每天对着火炉不辛苦？”

大家见陶华碧这样说，赶紧改口说：“好嘞，老干妈，我们照你的方法切。”

见她们不再抱怨，陶华碧接着给她们讲：“你们把辣椒想象成苹果，‘唰唰唰’几刀切下去，哪里会辣呢？”

大家回到自己的岗位上，开始照着陶华碧教的方法去切辣椒。切辣椒这活，不是那么难，只要干活时小心点就没啥问题。刚开始切辣椒时，确实会出现各种状况，比如辣眼睛，经过一两回，大家就长记性了。后来，也没谁觉得切辣椒有多难。以后每次遇到类似的问题，陶华碧就亲自去示范给他们看，大家就不再有畏难情绪。

陶华碧性格直爽，见不得偷奸耍滑，所以无论和工人还是顾客打交道，都是直来直去，不喜欢啰唆。她和工人们也像一家人一样，有啥话就直说。食品厂开起来没多久就到了中秋节，那天一进厂，有几个工人就半开玩笑地说：“老干妈，今天中秋节哎！”“中秋节就中秋节嘛！一会儿下班，每人去财务领200元，过节就要快快乐乐，干活就要兢兢业业。”陶华碧当即就作出了决定，并且要大家以后逢年过节提醒她，好给大家发点礼品或者过节费。大家都开开心心地说：“好嘞，我们记住啦！”

第四节　规模太小，被包装厂拒之门外

食品厂的证照一下来，陶华碧的油辣椒就开始进行包装并上市卖了。她吃过产品没有包装的苦头，所以赶紧按照国家相关标准进行包装。那时候也没多少钱，贵州的包装工艺也不如现在这么发达，包装的瓶子只能去贵阳第二玻璃厂买。瓶子有的口大，有的口小，口太大不利于密封，口太小筷子又放不进去。

以前卖的“老干妈”油辣椒并不需要太多包装，他们用一个大锅一装，舀起就卖给顾客，或者是直接用袋子装好卖给一些凉粉店。但这不是长久之计，要想油辣椒制品卖到全国，必须要用玻璃瓶装。

其实，从1995年开始，陶华碧就开始提着提篮到位于贵阳市三桥的贵阳第二玻璃厂选瓶子。贵阳第二玻璃厂厂长毛礼伟记得，陶华碧每次来就拎几十个瓶子回去。毛礼伟坦言，当时工厂年产1.8万吨玻璃包装瓶，并不是很愿意和这样零零碎碎的客户打交道。

陶华碧第一次来厂里时，还跟门卫周旋了一番。最后，她说自己是“老干妈”的负责人，要来厂里谈生意。保安左右打量，看她拎着提篮、背着背篼，硬是不像个老板，死活不让进，说要给厂里通报。

陶华碧是天生的乐天派，一边数落门卫不要以貌取人，一边笑呵呵等待。没多久，厂里让门卫放行，她到了毛礼伟的办公室。毛礼伟一听她只要几十个瓶子，并不打算和她做生意。陶华碧一听急了，用半开玩笑半央求的口气给毛礼伟说：“哪个娃儿是一生下来就一大个哦！都是慢慢长大的嘛！今天你要不给我瓶子，我就不走了。”

毛礼伟仔细打量，陶华碧虽然穿得朴素，但能说会道，很有胆识，绝非等闲之辈。最后，毛礼伟让她在厂里选一些适合的瓶子，每次拣几十个。

毛礼伟万万没有想到，就是这个拣瓶子的陶华碧，将来会成为贵阳第二玻璃厂的贵人。到了2003年，仅有两条生产线的贵阳第二玻璃厂的生产能力已经远远不能满足“老干妈”的发展需要。在“老干妈”需求的带动下，贵阳第二玻璃厂迁址扩产。如今，贵阳第二玻璃厂成为占地1万余平方米的花园式工厂，4条生产线昼夜不休，每年可生产3.5万吨玻璃包装瓶。

第五节　现货现款也有人抢

有了贵阳第二玻璃厂这些瓶子做成了正规包装，陶华碧发出了第一批货，但发现仓库竟然还有存货。

陶华碧知道，此时不能有太多库存，这样会积压资金，得赶紧把这些产品销售出去。

这回她带着员工背起“老干妈”产品走街串巷去推销，手把手教员工如何去找一些饭店、超市，把油辣椒给老板试吃后，让他们上架卖。

商户们尝了“老干妈”油辣椒制品后，非常满意。陶华碧还教员工们要给经销商讲清楚“老干妈”产品的成本和批发价，算利润给他们听。这使很多饭店、超市很乐意卖“老干妈”产品。除此以外，大家还去学校食堂推销，一家一家敲门，一家一家询问。

做小生意的都是些精明人，他们没听说过“老干妈”，就直截了当地说：“我知道你的油辣椒确实好，但是以前没有卖过，都不知道好不好卖，还是不太敢进货。”

陶华碧也有血性，拍着胸脯给他们说：“老板，这个你不用担心，我先把油辣椒赊给你，等你们卖完了我再来结账。卖不出去，我老干妈来你这里把货背回去！”

“老干妈”就这样一个超市一个饭店地进行铺货，渐渐地在本土市场打开了销路。

过了一段时间，贵阳第二玻璃厂的厂长几乎快忘记了陶华碧，但她又找上了门。这回的陶华碧让厂长震惊不已，居然一次性订了几千个瓶子，且没过多久又来订了几千个。这让厂长对陶华碧刮目相看，要求厂里的人认真对待她的订单。

包装问题解决了，剩下的一个重要问题就是原材料。“老干妈”从市场上采购辣椒回来，但剪辣椒把（即辣椒蒂）要耗费很多人力成本，每次都要一批人加班加点工作很长时间。虽然是一道小小的工序，但无形中给生产带来较大麻烦。

陶华碧当时想，如果供货商把辣椒把剪了，那要省下很多时间。

于是，她就带人去遵义虾子镇考察，虾子镇是国内最大的优质辣椒产地。

遵义位于贵州北部，虾子镇位于遵义市播州区（原遵义县）东部，这里离红色圣地遵义会址只有20多公里。

这里的辣椒是摘下来后，直接用麻线串了辣椒把，一大串一大串地晾干后，就拿到市场上卖。后来量大之后，大家也不串了，直接晒干了就卖。

但这样的辣椒不符合陶华碧的要求。因此，她给辣椒商提出了两个条件：一是供应的辣椒必须是剪了辣椒把的；二是供应的辣椒不能有杂物或者坏辣椒等。

“老干妈”的采购量极大，辣椒供应商都乐意按照要求去做。

在辣椒价格上，也不比市场价格低，很多辣椒商说给“老干妈”供货倒是好，就是担心欠款难收。

于是，陶华碧就给他们保证：“我老干妈做事历来是现货现钱，但是一旦不满足我提的两个条件，不仅得不到货款，影响了我的生产还要负相关责任。”

这些辣椒商见陶华碧爽快，也就很爽快地答应了。原材料辣椒搞定了，陶华碧又安排人去采购菜籽油，她要的菜籽油必须是好菜籽油。随着油品市场的发展，有些不法商贩用棕榈油等其他油品冒充菜籽油，甚至在菜籽油里添加别的植物油，导致菜籽油不纯。

菜籽油质量也是保证油辣椒质量的重要环节。因此，“老干妈”严控了菜籽油来源，从食材源头保证产品质量。

就在后方把油辣椒生产好的时候，拓展市场的同志打来电话，说省外市场已经逐步拓展开了，很多省外超市、饭店尝了“老干妈”油辣椒，立马就要订货。

于是，陶华碧理直气壮地给贵阳第二玻璃厂打电话，让他们赶紧生产几万个瓶子。

第六节　始终在工人中间

老干妈公司业绩慢慢上去了，工人也从200人增加到1200多人。从部队转业的李贵山见母亲忙得不可开交，主动辞去了工作，回家帮忙。

那时候，陶华碧吃饭都是和工人们在一起，有段时间尝辣椒尝多了，内火很重，都不敢吃其他的，早中晚都是白米稀饭。和大伙一起吃饭时，看到有些年轻人不好意思夹菜，她就大筷子大筷子夹给他们，让他们吃饱，吃饱了才有力气干活。陶华碧让李贵山制定一些“土政策”，这些“土政策”也要“讲感情”。陶华碧对厂里的每一个工人都像对自己家人一样，保持关心和尊重。

提及陶华碧，一位员工说：“有些暴发户一有几个钱就看不起人，但老干妈不一样，赚这么多钱了，还和我们一起吃饭，在工作和生活上都照顾我们，把我们当自家人。”

陶华碧说：“你们和我一起打江山，一起白手起家，一起把‘老干妈’产品推到市场，你们不是我的自家人，谁是我的自家人？”

有一次，有人来劝陶华碧：“老干妈，你现在是百万富翁了，身份地位和以前大不一样，不要和那些工人一起吃饭，给他们盛饭，给他们夹菜，有时还给他们端茶倒水。你是老板，不是服务员，要注意形象！”

陶华碧就狠狠地批评了他，说：“这些工人是我爹是我妈，我陶华碧有今天全靠这些工人，这些工人是‘老干妈’的衣食父母。”

陶华碧把工人当成自家人，工人也把陶华碧当成自家人，就不会有人故意害陶华碧。陶华碧知道，食品加工就像农村盖一栋木房子一样，要对木匠保持尊敬，因为这栋房子有无数个细节，只有让匠人从内心对主人家认可，他才会尽心尽力地将房子建好。

在整个生产过程中，陶华碧对每个流程都严格把关。辣椒必须要好，生产过程更是重要，从炒制火候到包装的温度和湿度，以及玻璃罐的尺寸，她都亲自监管，从不当“甩手掌柜”，实实在在，不弄虚作假。一个人弄虚作假的话，就不会有人和你做生意，就不会有人买你的产品。

翻身不能忘本，吃水不忘挖井人，对陶华碧好的人，她一直记在心里，她知道感恩也是一个企业家做人的根本。

为什么陶华碧会选择在1996年成立食品厂，在1997年成立公司？现在回头来看，也不完全是巧合，而是“老干妈”顺应了时代的潮流。1996年，在党中央大力发展非公有制经济政策的指导下，贵州乃至全中国的民营企业如雨后春笋般发展起来，在这个时机下，“老干妈”和其他民营企业一样，得到了蓬勃发展。

陶华碧大字不识一个的人，咋会了解国家政策？

如果这样认为，就大错特错了。其实，陶华碧每天早上6点就会起床，7点前到厂里转一圈，给各个环节管事的人交代当天的工作重点和注意事项，7点左右和大家一起吃早餐。下午6点，她就和工人们一起下班，花半个小时吃晚饭，然后向各个负责人了解当天的情况，结束后就打开电视，这时候每个台都在转播中央电视台的《新闻联播》。《新闻联播》就是她了解国家大政方针的窗口，从这里她了解到了国家的最新政策、经济发展的最新动态。

1996年的“贵阳南明陶氏风味食品厂”升级为1997年的“贵阳南明老干妈风味食品有限责任公司”，对于“老干妈”这个品牌来说，不单单是简单的改名字，而是将一个由凉粉、凉面起家的小饭店演变来的小作坊，升级成了一个正规化的食品公司。

第七节　用活闲置劳动力

随着老干妈公司对辣椒采购量的增加，遵义虾子镇供应辣椒的那个地方慢慢发展出一批“剪刀手”。以前这里没有专门的“剪刀手”，自从老干妈公司要的辣椒严格要求剪把后，这里的辣椒就带动了“剪刀手”这个行业的发展。

剪辣椒把其实很简单，就是用剪刀剪去辣椒蒂。这个工序虽然简单，但是工作量特别大，机器又无法代替，所以当地逐渐发展起了四五千人的专职“剪刀手”。

这些“剪刀手”有几岁的小孩，也有七八十岁的老人。农村很多中老年妇女往往找不到活干，但自从有了剪辣椒把这个工作后，她们一年四季都可以工作。有些辣椒商很自豪地告诉陶华碧，这些“剪刀手”非常厉害，如果下午称几万斤辣椒给她们，说第二天早上就要，于是一家老小都开始剪，通宵达旦，在窗外只听得到“咔咔咔”的剪刀声，第二天早上一去，辣椒就剪得干干净净、装得整整齐齐。除此之外，由于辣椒需求量越来越大，各种货车、板车生意都好了，很多人也帮着辣椒商上车下车，虽然都是下力气得的钱，但毕竟一年四季都有活干，就不用看一家老小饿肚子了。

贵阳第二玻璃厂也一直是“老干妈”的玻璃瓶供应商。如今，老干妈公司每天要使用超过100万个玻璃瓶，供应玻璃瓶的有重庆、郑州等地的大型企业，但他们60%的玻璃瓶还是贵阳第二玻璃厂生产的。在价格、质量相同的情况下，陶华碧优先选择贵阳第二玻璃厂，毕竟这个厂在陶华碧创业时帮助过她。

辣酱的生产带动了辣椒产业发展，让“剪刀手”成了一种职业

贵阳第二玻璃厂在1998年改制，在国企改制倒闭潮中活了下来。他们或许也不会想到，当年求着上门拣瓶子的陶华碧，会反过来成为他们的“贵人”。

随着老干妈公司的生产规模越来越大，陶华碧身上的担子也越来越重，因为她的事业已经不只是关系到她一个人或者一家人，而是关系到成千上万人的职业。

第五章

布局市场：产品开路，营销攻城

第一节　“小透明”产品怎样C位出道

辣椒食品在中国有悠久的历史，各地都有大量的食辣群体，尤其是以贵州、四川、湖南最为著名。这些地方的人嗜食辣椒，天下闻名，几乎达到无辣椒不能下饭、无辣椒食而无味的地步。中国著名八大菜系中，川菜和湘菜占了两席，这两个菜系都有一个主要特点：辣！

正是有这样的背景，好吃的“老干妈”油辣椒制品销量越来越好就不足为奇。

起初的时候，购买“老干妈”产品的，一些是慕名而来的客人，另一些是在龙洞堡附近南来北往的驾驶员。这些人都是“老干妈”的宣传员，甚至后来有些人发展成了“老干妈”的经销商。

有一段时间，“老干妈”生产的产品供不应求，很多货车司机都是排着队来买，一些外地的司机甚至来厂里排队买回去转卖。买的人太多了，经常深夜都还有车在排队。看这些司机排队到很晚，陶华碧就组织工人们烧开水给他们喝，还发给他们一些馒头和“老干妈”辣酱。

生意虽然越来越好，但有时还是会出现供求不平衡的状况：有些天，人们像疯了一样来抢购，供不应求；过一阵，来抢购的人少了，货物又出现积压。

陶华碧觉得不能这样子下去，货物积压靠猛推销也是废的，还需要建立一支营销队伍。

幸运的是，陶华碧手把手教出了一批懂营销的人。其中有一个营销骨干小李就特别适合开拓市场，他有国营单位的工作经历，因为相信“老干妈”产品的品质就辞职过来了。这人思路清晰、口才好、胆子大，很多时候只身一人就去外面推销“老干妈”产品。

让陶华碧欣喜的是，产品好加上营销队伍能干，很快就给“老干妈”产品找到了出路。

“来来来，你们先尝尝我们贵州的‘老干妈’油辣椒，好吃你们再买，觉得不好吃就不买。”营销人员带着产品，看到一些商店老板正在店里吃饭，就立即凑上去。

就这样，营销队伍建立之后，开始遍地开花。他们每到一个城市，都会有所收获。一些刚开始半信半疑的小商店老板，慢慢发现这“老干妈”产品像是被施了魔法，非常受欢迎。

有些精明的商店老板开始把“老干妈”产品批发给其他商店卖，从中赚取差价。慢慢地，一些商店老板放弃了小商店，在当地专门批发“老干妈”油辣椒产品，成了老干妈公司的区域代理商。

陶华碧相信产品是需要营销的，但是产品的质量是一切营销的基础。只有生产出质量过硬的产品，才会实现口碑营销；也只有产品质量过硬，别人才敢信心满满宣传说：“陶华碧的公司生产的油辣椒制品确实好吃。”

而陶华碧对营销人员的要求是：一要有亲和力和市场开拓能力，二要能把产品讲清楚。

辣椒有散寒除湿、开胃消食、消炎抗菌、镇痛等保健作用。改革开放后，国内人员流动频繁，对食品口味的要求也在发生变化，已经没有明显的食辣和不食辣区域。随着食辣群体不断增加，辣椒的消费区域和消费人数不断扩大，消费区域从传统的辣椒消费区（湖南、江西、四川、贵州、广西等地）扩展到了全国，消费人数超过5亿人。

对全世界来说，由于工作节奏加快，方便、简洁的快餐迅速发展，对包括辣椒在内的脱水蔬菜、净菜等需求增多。同时，由于人类对健康食品的要求提高，低脂肪、辛香食品大量涌现，这就使人们的饮食习惯发生了改变。目前，全世界有四分之三的人吃辣椒或者辣椒制品，辣椒成为全世界消费量最大的蔬菜之一。

陶华碧起初并不知道自己闯入了一个这样浩瀚的市场蓝海。随着产品供不应求，她渐渐知道油辣椒的市场竟然如此巨大，但始终坚信的就是做到物美价廉。

油辣椒的品质是“老干妈”的生命线，陶华碧从一开始做吃的就知道这个道理。在贵州，在她面前倒闭的食品企业多了。有段时间，贵州白酒“发酒疯”，白酒生意突然间太好做了。当时，陶华碧的家乡有个品牌几乎家喻户晓，大家走亲访友，买瓶这种酒，加上一包糖果就是很像样的礼品了。那时候，大商场、小商店，甚至路边的饭馆都卖这种酒。但是一两年后，这种酒突然就没人要了。因为需求量太大，酒厂生产不出这么多酒，竟然用酒兑白开水灌装来卖。消费者买了一次假酒，就把这个产品抛弃了。

陶华碧时不时会给大家讲这样的故事作为反面教材，坚持不合格的“老干妈”产品绝对不能出厂。正因为她的严格要求，“老干妈”的产品质量才能十年如一日地稳定。

一些企业很浮躁，认为哪怕是一杯水，只要能够卖出天价也是可以的。他们认为只要营销做得好，就能把这杯水卖出去。但陶华碧认为这不是营销，这是骗消费者的钱，走不长久。消费者第一次“憨包”上当了，第二次不会再“憨”了。

食品行业的质量关系着消费者的健康，关系着企业的生死。

第二节　不打广告是舍小失大吗

陶华碧在抓好质量的同时，也渐渐感觉到产品的对外销售成了一个大问题，虽然产品已经小有名气，但是要扩大销售量还需要动些脑筋。通过分析，陶华碧总结出了一个销售秘诀：在自己赚钱的同时，也要保证让别人能赚钱。

陶华碧性格朴实，不说大话空话，最重要的是不坑人、不骗人，还要求员工也要做到。这样一来，愿意与她合作做生意的就多了，销售量也就慢慢上去了。

但是，这种“摸着石头过河”的方式太慢，从1998年起，老干妈公司就派出骨干去广州、上海、深圳等地轮训，学习沿海城市知名企业的先进管理经验。几批人回来后，老干妈公司开始制订经营指标和相关绩效考核方案。

陶华碧这个“老干妈”自带品牌故事，大家吃到“老干妈”油辣椒时，都会互相讲述老干妈的传奇经历，甚至有人将能够同老干妈见上一面引以为傲。那时候的陶华碧还不像今天这样神秘。

一天，陶华碧正在厂里尝炒的辣椒时，工人说门外有人找她。陶华碧出门一看，来人有点面熟，便邀请他们到办公室坐下。经交流后得知，原来是一位很喜欢吃“老干妈”油辣椒的老顾客带着几名湖南客商来贵州考察，准备让他们带点特产回去，就想到了“老干妈”油辣椒。这些客人早就听说过老干妈的故事，非要来见偶像不可。

陶华碧说，自己就是个普通人，哪是什么偶像，哪是什么传奇。几位客商都说要品尝“老干妈”的产品，她就让员工送些给他们。陶华碧对自家产品非常有信心，这些客商都是走南闯北的人，也很识货。

一位客商尝了之后，使劲拍了一巴掌桌子。

当时，陶华碧心里直打鼓，莫非这群人是来找碴儿的？但她也不怕，这样大摇大摆来老干妈公司“碰瓷”，他们得多借几个胆子。

没想到，这个客商说：“老干妈，你家的油辣椒太好吃了！我也见过些世面，但确实没有吃过这样好吃的油辣椒！”其他几位客人也竖起了大拇指。

这样的夸赞让陶华碧有点不好意思，也搞不清楚他们的意图，只能客气地说：“喜欢就好，好吃就好。”

一名客商说：“老干妈，要不把你的这个油辣椒拿几十瓶样品给我们带回去，如果好卖，我们就来代理你的这个产品怎么样？”

“没问题，既然你们喜欢，就带个百把瓶回去吧！如果好卖，再来我们这里进货。”陶华碧笑着说。

陶华碧原本打算不收钱就让这些客商把产品带回去，但这些客商是务实之人，生怕陶华碧以为他们是来骗油辣椒吃的，坚持要付钱。于是，陶华碧说："既然你们都这样爽快，就送些给你们带回去吃。"

过了个把月，这些客商又回来了，一进门就喊："老干妈！老干妈！"

陶华碧一看是上次来的湖南客商，就上前招呼他们。他们一进门，就眉飞色舞地讲他们卖"老干妈"辣酱的故事。他们把产品分作几部分让当地的商店和饭馆试销，原本想这是新产品，怕要卖个把月，没想到第二天就有商店打电话来说卖完了，问他们还有没有。他们一一去做了市场调查，发现这个产品在湖南很好卖，于是稍作准备就来贵阳和陶华碧谈，想做"老干妈"辣酱的湖南总代理。

做总代理是好事啊！但陶华碧依然有些意外，没想到这些客商自己找上门来。她就带他们到厂里转了一圈，给他们讲每一件产品是怎么生产出来的。当然也给他们讲了厂里的规矩，不合格产品一律不准出厂，现款现货，互不相欠。几名客商看了"老干妈"油辣椒的生产过程，虽然没有先进的机器设备，但是产品的质量让人非常放心。看完之后，他们说："老干妈，有你在后方这样保证产品的品质，我们肯定能够帮你打开湖南的市场。"

陶华碧立即纠正他们的说法："不是帮我打开市场，是帮你们打开。我这人做生意干脆，但是很有原则，就是现款现货。不是老干妈不相信你们，做生意就是这样子。对任何人都一样，包括进辣椒、买玻璃瓶、印制瓶贴这些，我都是现款现货付给人家。我不欠人家款，你们也不要欠我的款。”

这些客商开始有点犹豫，准备和陶华碧谈判，看能不能先发货给他们，他们卖了再给钱。陶华碧说：“如果你们要做区域代理，就要有胆识，‘老干妈’产品摆在这里，保证你们会赚钱的。我做生意呢，从来都是现款现货。”听了陶华碧的一番话，他们也不再纠结，直接就打款进了第一批货，条件是要陶华碧授权他们是湖南省的总经销商。陶华碧告诉他们：“你们和我合作，我就不打算发展二级代理，市场就交给你们了。”

就这样，“老干妈”又开辟了一个新的战场。陶华碧会不定期给这些经销商打电话：“市场是你的，在这个区域的‘老干妈’品牌也是你的，你们必须当成自己的名字一样全力以赴来维护这个品牌。你们对‘老干妈’有功，我陶华碧是个知恩图报之人，不会忘记你们，‘老干妈’这个企业也不会忘记你们；相反，如果你们损害了‘老干妈’这个品牌，你们就是我陶华碧的敌人。”

第三节　当问题产品流入市场

创业初期，“老干妈”没做什么广告，但是销量节节攀升。

从经销渠道的建立，到派人外出学习，再到加紧对公司人才的培养，此时的陶华碧已经不再是那个实惠饭店的小老板。随着市场的拓展，她在红艳艳的辣椒里，看到了属于“老干妈”的大好河山。

改革开放初期，重农抑商的传统气息还非常浓重，如何做好生意的“生意经”为人们所不屑。

曾经一度流传着这样一个关于“生意经”的“哲理”故事：一家生产牙膏的企业，产品设计精美、品质优良，深受顾客喜爱，但是不可避免的，在其发展了若干年后，步入危机，销量大降，令企业上下特别是董事长一筹莫展。这时，一位年轻人站出来说：“我手上有一张纸条，上面有一个宝贵的建议，如果你们要采纳这个建议，必须支付我5万元。”这令董事长难以接受，但他还是买下了这张纸条，打开后一看，里面只有一句话——将现有的牙膏管口直径加大1毫米。企业立刻开始这样生产，结果那一年销量大增，远超以往同期，最终成功走出危机。

这个故事就是当年“生意经”的一个影子，虽然从企业的角度来看，加大牙膏管口直径让企业“活”了，但这是一个坑消费者的损人利己行为。作为普通消费者，出于对牙膏商的信任和习惯，不知不觉间增加了牙膏使用量，增加了家庭中牙膏支出。当消费者醒悟过来时，这个牙膏企业的末日也就到了。

生产商品，就得沟通产销，就不能不研究“生意经”，“生意经”曾经一度被人们误解为算计顾客甚至坑骗顾客的求雅说法。但陶华碧不是这样，她的“生意经”是建立在其提出的“不坑人、不骗人”的基础上。因此，“老干妈”这个品牌的出现是为“生意经”正名。“老干妈”的产品之所以做得好，固然得益于陶华碧的诚信、勤劳、谦和，但她那一套“生意经”的作用也不能忽视和低估。她的“生意经”内容很丰富，比如产品质量要好、价格要低、薄利多销，让竞争对手无从下手。

陶华碧是个非常聪明的人，在战术和战略之间，在小利和大局之间，有非常好的取舍。这种取舍来自她多年锤炼出来的个人品质以及她在商场上摸爬滚打总结出来的经验。

2001年，一家玻璃制品厂给老干妈公司提供了800件（每件32瓶）酱瓶。谁知，公司装上麻辣酱刚销售到市场上，就有客户反映有的瓶子封口不严，往外漏油。陶华碧对此非常重视，要求相关部门迅速查处。一些管理人员向她建议说：“可能只是个别瓶子封口不严，把这批货追回重新封口就行了，不然损失就太大了，这可是800件货呀！”

陶华碧却坚决地说：“不行！这事关公司的信誉！马上派人到各地追回这批货，全部当众销毁，一瓶也不能漏掉！”这样的做法，虽然使公司损失巨大，却让人们看到了陶华碧诚实守信的决心，最终坏事变成了好事。

第四节　赚千人一毛，不赚一人十块

做生意讲究长久之道，做“一锤子买卖”谁都会。从卖菜到开饭店那几年，陶华碧从身边那些“无商不奸”的人身上学到不少东西。卖菜时，人家称了菜，陶华碧会多送他们一些。时间长了，很多人和她都很熟悉，每次来都要找她买菜。陶华碧和别人一起挑菜来，但总是早其他人一两个小时卖完。有些人给陶华碧说：“你咋会有这么多人来买你的菜？你家亲戚真多！”

陶华碧就会笑着回他们：“连你们都是我家亲戚。”

话说回来，做生意站在顾客的立场思考，顾客就会从内心喜欢你的产品。陶华碧开实惠饭店时也是这样，就是让大家得到实惠，所以饭店的生意越来越好。

“老干妈”油辣椒非常好卖，一些经销商来跟陶华碧商量，问能不能涨价，陶华碧明确回答他们：不能！

“老干妈”工作人员认真挑选食材

流水线上，“老干妈”工作人员抽检辣椒

他们问：为什么？

陶华碧告诉他们，做生意要薄利，要让消费者得实惠，要赚千人一毛，不赚一人十块。有些人说，现在好多产品都在打广告，“老干妈”应该也投点钱，在电视、报纸上打点广告。陶华碧告诉他们，“老干妈”不需要广告，一是“老干妈”的产品质量好，二是打广告是不务实的事，产品好了，别人自然会传名。与其做些虚头巴脑的事，不如把广告费、包装费省下来，让消费者真正得到实惠。

陶华碧跟任何人打交道都是讲感情，把合作伙伴当成自家人一样。因此，经销商们自然也会拿真心来对待“老干妈”。“老干妈”慢慢地有了经销商，公司销售团队开始不断地拓展国内市场。他们去到陌生城市，首先就是想方设法让目标客户尝到“老干妈”产品。很多人尝过后，推销过程都省略了，直接就成为“老干妈”的区域总代理。陶华碧让营销团队掌握了这一招后，屡战屡胜。

“老干妈”的销售一路顺风顺水，没多久，北京有了总代理，武汉有了总代理，广州也有了总代理……陶华碧也不断开发适合大家口味的新产品，产品开路，营销攻城。

仅仅两三年时间，“老干妈”产品就覆盖了全国除了台湾地区以外的所有市场，还出口到美国、澳大利亚、南非、东南亚等地。

很多人给陶华碧说：“老干妈，你了不起哎！你们的产品是贵州继茅台酒、黄果树瀑布之后，又一张在全国都叫得响的名片。”

陶华碧说：“我哪里懂什么名片？我就只懂做好吃的油辣椒，用最实惠的价格卖给大家吃。”

陶华碧确实不会借助广告营销，甚至连名片都不太用。后来，因业务发展需要，公司帮她印了名片，她也几乎不用。有人对她说："老干妈，你确实不需要用名片，你本身就是一张名片！"

陶华碧和经销商也不玩半点虚假，老老实实地给经销商们讲了她的想法、"老干妈"的问题，遇到困难时也告诉经销商，他们也能理解。在做"老干妈"产品过程中，陶华碧把经销商和消费者当成自己的亲人一样，这绝不是一句空话。

陶华碧始终坚持做擅长的风味油辣椒、风味豆豉等产品。这使得很多人都认为，"老干妈"就是油辣椒产品，是他们能记住的首选品牌，没有之一。

"老干妈"的产品就是坚持卫生、好吃、实惠，包装用的玻璃瓶也一直没换。很多人也给陶华碧提过，换一下包装，一个包装用了这么久，回锅肉吃多了也腻，说什么顾客会有审美疲劳。陶华碧说，食品的包装不是拿来看的，也不是拿来审美的，它就是辣酱的包装，最核心的是包装里面的辣酱的好坏，价格是否实惠。

她还告诉大家，如果她是消费者，就是考虑产品是否好、价格是否公道、吃的时候是否方便。包装只要符合标准，不需要花哨。

在生产中，有些人觉得"老干妈"停产很随意，很多大企业都不随便停产。陶华碧告诉大家，很多大企业都出现过食品安全事故，"老干妈"为什么这么多年都没有出现重大食品安全事故，就是因为发现问题就立即停产整顿。宁愿自己损失，也不让不合格的产品流入市场，这就是消费者相信"老干妈"的真正原因。

很多时候，停产是为了更长时间的生产。如果为了生产而勉强开工，实际上是对消费者、对市场、对自己企业的不负责任。陶华碧一旦发现原料有问题，即便生产再急，也会毫不犹豫地要求停止生产，直到采购到合格的原料。

有一次，老干妈公司急需豆豉，就让重庆一家豆豉酿造厂抓紧时间运送10多吨豆豉来贵阳。

就在此时，销售部门电话响个不停，经销商不停打电话来催要产品。因此，几个车间也随时准备，万事俱备，只欠豆豉。

豆豉运来了，检验员为了抢时间，没有像平时那样仔细检查，就让豆豉进了生产车间。陶华碧有个怪脾气，越是急的时候，越要注意原材料的品质，因为这个时候最可能让别人有机可乘。于是，她带着质检员到原料车间检查。打开新运来的豆豉，用瓢舀起来一看，不少豆豉都变质了。

陶华碧顿时火冒三丈，这样的产品出去后，必定要砸了“老干妈”的招牌。她把瓢砸在地上，把检验员喊来问究竟是怎么回事。

原来这家酿造厂狡猾得很，把好的豆豉放在最上面，盖住里面变质的豆豉，检验员不仔细检验，就以为都是合格的。这种“里面不一”的伎俩哪能瞒得过陶华碧！

她立即通知各生产车间不能用这批豆豉，并打电话给重庆这家酿造厂。对方一听是陶华碧本人，知道出事了，赶紧解释说这些豆豉经过特殊处理，是能用的。陶华碧做辣椒酱这么多年，当然知道豆豉是发酵产品，处理了能用，但口感和好的豆豉产品必定是大相径庭。而且，变质的豆豉是否会对消费者身体造成危害也是未知数，“老干妈”不能冒这种风险，这样做对不起经销商，对不起消费者。

陶华碧质问他：“你说能用就能用？产品出去是代表我老干妈，砸了牌子也是我陶华碧的，不是你的。你每次供货，我陶华碧给过你假币吗？”

对方说没有，陶华碧说：“你为什么给我崴货？”

对方答不上来，赶紧给陶华碧道歉，说是产品次了点，价格就便宜点。陶华碧告诉他，以后再不和这种不讲诚信的人做生意，不合格的供货，必须马上退货，没有商量的余地。至于怎么处理，双方有合同约束，公司会按照法定程序处理。

生产部门的负责人听到陶华碧和这家酿造厂的对话，且态度坚决，便问：“不要这批原料，我们咋生产？”

“咋生产？不合格的产品还能生产？马上停产！”陶华碧告诉他们。就这样，老干妈公司一边停止生产，一边赶紧安排人重新进货。两天之后，生产恢复，给经销商提供了合格优质的产品。

经销商打电话来询问，陶华碧就如实给他们解释：“如果把不合格产品给你们销售，害了你们，也会害了‘老干妈’品牌。虽然耽误了你们两天时间，但长久来说，值得！”

经销商也把“老干妈”停产的原因告诉了各级零售商，大家都认为他们对待产品如此真诚负责，于是也能理直气壮地给顾客说产品延迟的原因。

陶华碧始终坚持负责任的生产和销售，其他人早晚都会知道她的良苦用心。

无论在什么地方、什么时间，消费者买的“老干妈”产品，味道都是一样的。因为没有广告、豪华包装等拖累，“老干妈”产品定价相对便宜，但是低价不是低质，而是真正做到物美价廉。这就是老干妈公司打败无数辣椒产品生产企业的法宝。

第五节　第一个代理商眼里的“老干妈”

姜袁芝是“老干妈”多年的合作伙伴，是上海美宝食品有限公司的总经理，也是“老干妈”最早的一批经销商之一。她对外谈到“老干妈”的时候说：“在我印象中，‘老干妈’的风味基本上没有改变。‘老干妈’是实实在在的良心企业，不会因为成本、原料等改变对产品品质的专注。”

从1998年开始，姜袁芝就和“老干妈”合作，代理“老干妈”产品，全程见证了“老干妈”的发展历程。

让经销商们印象深刻的就是陶华碧坚持现货现款。刚开始，有些经销商问陶华碧，有时候来不及打款咋办？陶华碧说：“这好办，你先打保证金过来，我就可以给你发货了。一来在你紧急需要产品的时候好发货，二来可以向我们证明你的经济实力。”

很多区域的总代理都打保证金，他们很佩服“老干妈”油辣椒制品，味道刚好、香味刚好、辣味刚好、酱味刚好。有些经销商给陶华碧说，当地人喜欢酱味，可不可以多加点酱味？陶华碧说："不用。如果按照你们的想法加了，这就不是'老干妈'的味道了，消费者可能就不会买账了，用'老干妈'的配方生产的辣椒酱大家肯定会喜欢吃的。"果然，时间证明了陶华碧的说法，消费者最终选择了酱味适中的，那些辣味适中、酱味浓郁的产品都在竞争中逐渐被淘汰了。

"老干妈"的产品在价格上分几个区间，五六元一瓶的，七八元一瓶的，十几元一瓶的。"老干妈"薄利多销，经销商也薄利多销。"老干妈"的产品包装也不图好看，因为油辣椒制品是拿来吃的，不是用来看的，更不是用来收藏的。陶华碧就是要让大家吃得好、吃得起。

经销商也知道这个价格刚好，价格低于"老干妈"的产品基本上没利润，价格高过"老干妈"的又没人买。

陶华碧和经销商也是打长期交道的，有经销商告诉她："老干妈，你别像其他企业一样，一旦做大了，马上'撤藩'，不让我们做大？"

啥子叫"撤藩"？他们给陶华碧解释，反正就是各种刁难，不让他们做大。陶华碧拍起胸脯给他们说："我老干妈绝对不会这样对我的合作伙伴。你们做得好，我还会扩大你们的市场区域；做不好的，我就缩减你们的区域。我把区域市场给你们，这里的市场就需要你们去维护、开拓。我陶华碧没有三头六臂，没有精力来做这些了，市场是你们的，这个区域的市场开发就靠你们自己了。"

这样，经销商去管理市场，比厂家的经理还要尽心、合理，因为他们知道市场是他们自己的。他们也绝不会投机倒把，而是更加珍惜这个市场份额。

分销商内部也会有矛盾，但他们会自己解决。遇到假冒“老干妈”产品的，他们也会严厉打击。打了假，“老干妈”对他们还有奖励；但如果不打假，任由假货泛滥，就说明经销商不合格。所以，“老干妈”经销商的市场工作做得极为细致，终端表现得非常强势，如“老干妈”辣酱做个特价活动，销售终端就会赶紧做堆头、发DM单。

陶华碧曾在经营大会上对大家说：“都说无商不奸，我就偏偏不信，我偏偏要宁可人人负我，我绝不负客户。大家一定要记牢这一点，要以诚待人，在市场竞争中要以诚信经营取胜！”

做人不能说大话、空话、假话，这些会害死人的。陶华碧就是坚持以诚信为做人做事的基石。有人问“老干妈”发展的窍门，其实，诚实守信就是它经久不衰的秘诀所在。

第六节　把辣酱卖给怕吃辣的广州人

经销商全力打市场，老干妈公司就有更多精力去做产品创新、品牌建设、规划发展等事情。刚开始，广州是“老干妈”产品突破的一个重点、难点区域。为什么是重点？因为这里经济相当发达。为什么是难点？因为广东人怕吃辣，和贵州人的口味不一样。因此，如果这个市场都开发了，那么整个中国大陆市场，就没有任何地方会是难点。

陶华碧不是不讲道理的那种人，她知道这个客观因素的制约。那时候，“老干妈”的销售额是两个亿左右。陶华碧非常希望做好广州市场，但是从客观上来说，广州市场能做到每年销售1000万元左右的产品就不错了。广州的经销商看其他区域都各自领了几千万元的任务，也拍着胸脯保证：“老干妈！其他地方都能做，广州市场也能做，我力争明年的销售额达到3000万元！”

好家伙！豪言壮语！连陶华碧都觉得他这个目标定得太高了。在不喜欢吃辣的广州，这似乎有点天方夜谭。但她从内心知道，这个经销商非常坦率，不是那种偷奸耍滑的人。他给自己定了这么高的目标，“老干妈”产品的市场开拓就是需要这种勇于担当、敢想敢干的人。陶华碧也很高兴，当着大家的面说：“如果你明年真完得成这个目标，年终我就奖励你一辆轿车！”

话刚说完，下面就有人开玩笑地说：“老干妈，你连自己都舍不得买车，咋会舍得买车给别人？”

陶华碧说：“你们等着看吧！”

很多人都把这话当成一个玩笑，但陶华碧没有，她知道广州市场销售额达到3000万元意味着什么。如果这个经销商能够在广州实现3000万元的年销售额，相当于打开了一个全新的广州市场，这对于“老干妈”的品牌和产品的影响力提升意义非凡。如果将拓展市场比作打仗的话，则意味着“老干妈”又攻下了一座城池。

在陶华碧心中，广州市场是商家必争之地，广州是中国对外开放的窗口，只要打开广州市场，就可能辐射香港、澳门等地的市场，国际市场也进而触手可及。所以，在广州年销售额达到3000万元的意义远远大于其他城市。从现在来看，当年重点布局广州市场，对于老干妈公司的发展有着非常重要的意义。这一方面扩展了当地消费市场，引导了当地的消费习惯，另一方面起到了产品展销的作用。事实证明，广州市场的爆发，对于“老干妈”产品后来遍布全国有很大的推动作用，广州也成了“老干妈”在全国乃至国际市场布局中最重要的一个战略根据地。

胜者为王、败者为寇，成功了怎么说都是有道理的。有人说陶华碧大字不识一个，哪里知道什么叫战略布局？

其实，陶华碧的成功绝非偶然，我们完全可以通过回望来路以了解她的曾经。1994年左右，贵阳修建环城公路，以前偏僻的龙洞堡成为贵阳南环线的主干道，经过这里的货车司机日渐增多，这里成了一个名副其实的“旱码头”。这些司机成了实惠饭店的主要客源。后来，陶华碧向他们赠送自家制作的豆豉辣酱、香辣菜等小吃和调味品，随后就传遍了全国。你想想，当时我们国家正在实行改革开放，广州是我国改革开放的前沿阵地。前沿阵地是什么意思？就是当地经济很发达，很多人在广州来来往往。这样的话，对于中国来说，广州就像当年贵阳的龙洞堡。龙洞堡南来北往的司机，让陶华碧的“老干妈”一举成名。广州南来北往的中外客商意味着什么？意味着他们也会将“老干妈”带到全国各地甚至海外。

陶华碧严格抓紧生产，她虽然不识字，不会写字记录，却有着超强的记忆力。到了年终，陶华碧问广州那边销售了多少，市场部立即报告：完成了3000万元的任务。陶华碧就赶紧打电话向这位经销商道喜，同时告诉他要奖励他一辆轿车。

那位经销商听了有点愣，说：“老干妈，您那就是随口开玩笑的，不用当真。”

陶华碧说：“虽谈不上是君无戏言，但我陶华碧说到也要做到，你们对公司的贡献我会记在心里的，该给你们的奖励会给你们的。”

接着，她就让公司买了一辆捷达轿车奖励广州的经销商。公司的人一下就炸锅了，一个个劝她：“老干妈，你连自己都舍不得买轿车，出门大多数时候都是挤公交，去交税都要揣着馒头去，他也知道你节俭，不奖励他，他也不会说什么的。”

陶华碧跟他们说：“这不是节俭的事，这是说到做到，是一个人、一个公司的诚信问题。我是舍不得买轿车，但人家说将销售目标定在3000万元都做到了，我说奖励他的一定也要做到。如果他做到了，我做不到，不仅我个人信誉扫地，也会让干事的人心寒。这辆轿车必须买，没商量！”

就这样，老干妈公司就奖励了广州的经销商一辆轿车。那时候买得起轿车的人不是很多，广州的经销商接过车钥匙的时候，激动得手都有点抖。事实证明，这辆轿车是值得的，“老干妈”在广州的市场越做越好，很多不吃辣的广州人，被“老干妈”改变了口味。

经销商们常在背地里说：“老干妈有点严，但是很讲诚信。”

第七节　土里土气怎么吸引人

在经销商们的努力下，南方的市场很快打开，而且非常顺畅。可是，北方市场竟然很难拓展。按照常理，北方人喜欢吃辣的，为什么会卖不出辣椒酱?

老干妈公司找的也是北方较大的经销商，各大超市、商店都在卖“老干妈”产品，可销量就是上不去。

在河南，沃尔玛、家乐福等大超市都有“老干妈”产品，但销量就是不好。

陶华碧觉得奇怪，马上开会研究。大家纸上谈兵，分析来分析去都觉得：没道理啊！消费者喜欢吃辣，销售渠道也是畅通的，应该有销量才对。

陶华碧叫大家不要纸上谈兵，赶紧让当地经销商找出产品卖不出去的原因，他们是当地人，最清楚当地的情况。

几天后，当地经销商反馈回来消息了，说找到了“老干妈”产品卖不出去的原因：因为“老干妈”没有促销员，大家嫌“老干妈”的包装太土。

没有促销员也就罢了，咋会嫌“老干妈”的包装太土呢？陶华碧有点想不明白，辣椒酱、风味豆豉、风味豆腐乳这些都是吃的，不能光是好看就行了。

后来，仔细问下来，原来问题是这样的：超市里面有些工作人员会向消费者推荐商品，这些推荐商品的人并不是超市的员工，而是一些产品的促销员，他们的工资由所推销的产品厂家或者经销商给，工作就是推销他们的产品。

陶华碧了解清楚主要竞争对手是哪个品牌后，心里想，搞了半天，努力提高品牌影响力，努力发展实力强的经销商，努力铺货，结果却被其他辣椒酱抢了市场，帮他们养“娃”。

陶华碧给搞市场开发的人说：“失败了就是前车之鉴，‘老干妈’产品的竞争力大家心中有数，我们要想办法解决这个问题。”

随后，她召集大家开会，把生产、销售、市场开发等部门的负责人全部通知到，一定要打赢这场硬仗。既然选择了开发北方市场，就必须拿下，再苦再累都要拿下。陶华碧说，这是死命令，遇到困难了就要克服，打好硬仗。

当天，老干妈公司派了一组人，去河南了解竞争品牌的情况，了解他们是如何销售的，靠什么抢占了这么大的市场。

派出的人办事扎实，他们知道陶华碧的性格，市场调查的每一步都踏踏实实地去做。他们去到各家超市，一家一家去摸底，了解当地一个辣酱大品牌的营销方法。

一段时间后，这些人回来了，还没来得及休息就到陶华碧的办公室汇报那边的情况。“老干妈”产品是被一家当地的辣酱品牌“狙击”了，他们拦不住“老干妈”铺货，就在销售终端拦截。“怎么拦截呢？不准消费者买‘老干妈’？”陶华碧是个急性子，问得大家连连摆手。

大家告诉陶华碧，由于“老干妈”没有促销员，对方的促销员却一直守在产品旁边，他们就这样拦截顾客：当有消费者拿起“老干妈”的产品，他们就赶紧上去劝说。这些促销员都是些能说会道的人，他们给消费者说：“你拿的这瓶辣酱的名气确实大，但是你看这包装多土，里面看起来也是黑乎乎的，没长相。你看看这种（他们所推销的产品），包装上档次，颜色看起来也好看，就是你拿去送人，都很高端。价格虽然贵一两元，但是体面多了。”

市场开发部的人还告诉陶华碧，这些促销员都是身经百战，嘴巴甜，说服力强，很多准备买“老干妈”产品的人，被他们一忽悠，就不买了，转而买他们的产品去了。

陶华碧一听，非常生气，更加坚定非要拿下北方市场不可。怎么办呢？不可能派促销员去和对方的促销员对骂吧？况且这么多超市，能骂得过来吗？于是，她立即召开了紧急会议，把各部门的负责人全部召集起来，把大概情况给大家说了，请大家发表意见。很多人认为，“老干妈”产品的包装确实需要改进，几年都还沿袭那个样子，需要与时俱进，改进包装。

陶华碧在会上反对："这哪能行呢？换包装成本肯定就要增加，成本一提高价格又得涨，然后竞争对手在我们换的包装上又再提高一个档次，我们又得跟着提，这样就成了比包装了。老干妈、竞争对手、消费者'三败俱伤'的办法行不得。"

最后集中讨论的就是两个问题：改包装和招促销员。大家见陶华碧不同意改包装，就说要不也在北方市场招聘一些促销员，最起码有促销员在，对方就不敢肆无忌惮贬低他们的产品。陶华碧理解他们的想法，她何尝没想过用促销员？但这不是"老干妈"搞经营的方式。陶华碧告诉大家，"老干妈"产品就是赢在味道好吃，还实惠。现在已经是薄利了，如果再启动促销员促销，那势必要增加成本。增加的成本如果靠"老干妈"来承担，那也不是长久之计，最终还是要转嫁到消费者头上，他们买产品还要付促销员工资，这样的事也干不得。

大家懵了，改包装干不得，招促销员也干不得，那怎么办？

大家都你看看我，我看看你，好不容易有个人说："老干妈，我们不能既想跑又想好，还要马儿不吃草，该改变的就得改变。"

那个会上，陶华碧自己也陷入了沉思，到底要怎样才能打开北方市场？真要换包装？真要上促销员吗？她就给大家讲自己开实惠饭店的故事，那时候大家不就是图个实惠、好吃吗？大家喜欢来她店里，不就是图吃了饭，还能带点油辣椒走吗？实惠、好吃，这是"老干妈"的根本，动了这个根本，所有营销都将浮于面上。换包装、上促销员短时间内可能是胜利了，但从长远来看，并不是什么好办法。

陶华碧给大家说，"老干妈"历来奉行好吃又便宜的原则，这是

“老干妈”在市场上立于不败之地的基础，不能因为漂亮的包装砸了自己的牌子。既然别人认为“老干妈”的包装土，那就把这个“土气”作为“老干妈”的特点来卖。只要解决对方促销员的贬损，市场慢慢就会是“老干妈”的。

那次会上陶华碧决定，在北方市场再增加产品，经销商要告诉大家“老干妈”产品的包装每瓶花了3毛钱，然后在有“老干妈”产品的地方加一条宣传标语：我的包装只花3毛钱。

就这样简单的一句话，回应了那么多促销员的贬损。促销员再有贬损，消费者一看就知道是什么情况，毕竟消费者会选择实惠、好吃的东西。

就这样，“老干妈”始终坚持着自己的特色，没有因为市场竞争而动摇了自己的根基。

没多久，北方市场打开了。顾客买了“老干妈”的产品后，开始口口相传，因为“老干妈”产品用途很广，可以当调味品，还可以拌面条吃。就这样，“老干妈”没有因为“土气”而失去市场，反而因为“土气”赢得了顾客，他们知道这种“土气”背后的真相是实惠。从此，“老干妈”销量大增，一举甩掉了北方的大批竞争对手。

有人问陶华碧：“老干妈，你们坚持先打款后发货，现货现款，别的快消品都在尽力把货压到经销商手里，而‘老干妈’的经销商必须先打款，才能拿到货，甚至打第二批货款的时候，才能拿到第一批货。为什么能够这样呢？”

陶华碧回答：“有人还问过我，很多产品的厂家都有广告、营销活

工人在检查“老干妈”产品原料之一的黄豆

动，你们为什么没有？我们还以火车皮为单位，量小不发货。为什么？因为我们的产品消费者喜欢，是市场上的‘硬通货’，经销商销售我们的产品，供不应求。他们能够销售出去，能薄利多销挣到钱。我们对经销商没有广告等政策支持，因为我们的利润很低很低，一瓶只赚几角钱。我们都让利给消费者了，所以我们不做广告。”

第六章

主动维权：品牌出众，山寨丛生

第一节 只会写三个字就够了

“老干妈”产品推广到全国后，“老干妈”也从食品厂升级为食品公司，发展可谓蒸蒸日上。

有人曾经问陶华碧，这辈子最大的幸福是什么？陶华碧说：“我的幸福就是事业上的成功，事业成功是我这辈子最大的幸福和安慰。”

陶华碧不识字，需要签字的文件，她就学电视里的那种，在右上角画个圆圈。后来，公司有人觉得这样很不安全，于是在纸上写下“陶华碧”三个大字，让她没事时练习。陶华碧对着这三个字看了又看，一边摇头，一边为难地感叹：“这三个字，好打脑壳哦（贵阳话：太难了）！”

为了写好自己的名字，她像小孩子描红一样一笔一画地整整写了三天。

有人问她练字的感受，陶华碧用她的“特色语言”总结说：“比剁辣椒难，比剁辣椒难。”据说，三天后，当她会“描”自己的名字时，高兴得请公司全体员工加了一顿餐。

直到现在，陶华碧仅认识“陶华碧”这三个字。

陶华碧每天都很勤奋，觉得只有这样才对得起自己。有一次，孩子们带着她出去旅游，刚出去她就不适应，让他们赶紧把她送回公司，因为她听不到公司里瓶瓶罐罐的声音就睡不着，心里不踏实。

很多人觉得奇怪，说这个陶华碧不会享福。是啊，她不会享福。这么大的公司，几千号人，她心里随时是牵挂着的。每当大家告诉陶华碧，“老干妈”又成了纳税大户时，她就感到无比的光荣和自豪。

1998年，老干妈公司已经打出了自己的天下。随着公司规模扩大，陶华碧知道不能按照以前的老套路来管理了。

她这人没多少文化，但是知道知识的重要性。所以，她让儿子和员工们都去学习，学习别人的先进经验来管理公司。这一年，她轮流把他们派到广州、上海、深圳等地方考察市场，去学习发达地区企业是怎么做的。

陶华碧要求员工不接受媒体采访，不到处宣扬自己做得多好，因为“老干妈”生产的优质油辣椒，不需要像明星一样吸引大家来关注，产品好才是竞争力。树大招风，企业小的时候，没人关注你；企业大了，大家都认为“老干妈”是唐僧肉，各种竞争对手及坑蒙拐骗、抓拿骗吃的都来了，他们就会想方设法地整你。

公司渐渐壮大了，“老干妈”的故事和油辣椒产品全国各地都知道了。由于公司的迅速崛起与陶华碧的不识字形成了很大的反差，陶华碧很快成了很多媒体争相报道的焦点。

一些媒体人总结陶华碧：没有城市职场人士的见多识广，但却有着超越都市精英群体的商业思维与独到眼光；没有男性的天然基因，但却有着不亚于男人的睿智果断与坚毅刚强；不懂半点现代管理知识，但却将自己的企业打理得井井有条与士气高昂；不搞花里胡哨的广告营销，但却能让自己的产品畅销全国与阔步四方。一瓶小小的辣椒酱，一个貌不惊人的佐餐品，陶华碧竟将其做成了竞走海内外的驰名品牌……

“老干妈”的传奇，很快一传十、十传百，家喻户晓了。

紧接着，陶华碧就收到不少反馈，有一些公司在冒牌生产“老干妈”的产品。陶华碧知道，不能这样下去了，要想方设法赶紧申请商标。

知道商标的重要性后，陶华碧就抓紧让人联系注册“老干妈”商标。这样的话，“老干妈”在法律上就会有保护。

但是人算不如天算，他们提出商标注册申请好几次，都连遭失败。生产和销售如日中天，可是在商标申请上却连连遭遇挫败。

1998年的这次失败是又一次失败，为什么是“又”呢？因为早在1996年8月5日，贵阳南明陶氏风味食品厂就委托贵阳商标事务所代理，向国家工商行政管理总局商标局（以下简称国家商标局）第一次提出“老干妈”商标注册申请，当年10月9日被国家商标局驳回了。

陶华碧问是什么理由被驳回，手下人读给她听：“‘干妈’系普通人称谓，故‘老干妈’用作商标缺乏显著特征。”

贵阳有几个“老干妈”？缺少显著特征？什么样的才是显著特征？“康师傅”“洪大妈”“阿香婆”这些有显著特征吗？为什么他们能够申请到商标，“老干妈”却不能？陶华碧不懂什么叫“显著特征”，当年的实惠饭店不也是做得好好的吗？陶华碧当时想去贵州商标管理部门讨个说法，公司里知道商标注册流程的人赶紧给她解释，商标的审批权不在贵州，贵州商标管理部门也解决不了，只能继续申请。

申请！那就赶快再次申请，一刻都不能停！一定要申请到。

1996年12月，贵阳南明陶氏风味食品厂第二次向国家商标局提出商标注册申请。

后来，公司高管告诉陶华碧，在1998年6月21日，国家商标局核准了“陶华碧及肖像”商标，但是“老干妈”商标依然没有获准。

没有获准，那赶紧再申请。陶华碧就是这个脾气，该她的，当仁不让；不该她的，送她也不要。

1998年4月13日，老干妈公司第三次申请注册“老干妈”商标。

这一年的4月16日，国家商标局下发“受理通知书”。陶华碧心想，这回总算有点突破了。但是到了1999年1月6日，国家商标局又以“该商标系普通人称谓，用作本商品的商标缺乏显著性”为由驳回了申请。

老干妈公司肯定不服，于是在1999年1月25日向国家市场监督管理总局商标评审委员会提出复审申请。

俗话说“商场如战场，同行是冤家”，商场上有非常残酷的一面。公司渐渐壮大了，陶华碧整个人的神经都绷紧了，生怕哪个环节出娄子，别人就一下冒出来抢占了她多年苦心经营的成果。

就在他们在商标问题上反反复复折腾的时候，全国各地的假冒“老干妈”产品如雨后春笋般出来了。

第二节　“老干妈”成了唐僧肉

陶华碧也没有办法，没有商标就没有保护“老干妈”这个品牌的依据和手段。

这些假冒产品，就像一群无赖，开始围攻“老干妈”。刚打败这个，那个又起来了；刚打败那个，别的又起来了。打败贵州的，湖南的来了；打败湖南的，四川的又来了；打败四川的，陕西的又来了……

没办法，陶华碧不但要抓紧生产，还要对付各地投机取巧的商人。1997年以来，假冒“老干妈”的产品大大小小算来多达五六十种，仿冒品遍及湖南、四川、陕西、甘肃等省，包括贵州本省。这些仿冒品，无论是瓶型还是外观图形设计、色彩，都和真正的“老干妈”差不多。很多消费者一不小心就买到了山寨版的“老干妈”了。有些人吃了后甚至还投诉，说“老干妈”味道不像以前了。

陶华碧知道，这味道肯定是不像的，假的“老干妈”味道像的话，她陶华碧还靠什么和别人竞争？消费者不知道这个情况，这些假冒产品给“老干妈”在信誉上和经济上都带来了很大的损失。陶华碧只能请求工商部门打假，别无他法。

陶华碧曾经和人说过，不经过大风大浪、日晒雨淋的企业家哪能叫成熟的企业家？看一个企业家，千万别看他说什么，要看他实际做的真功夫、硬功夫。很多在温室里长大的企业家，根本不能拿出来晒太阳，她就不怕，日晒雨淋那样的困难她都经历过。只有在残酷的商战里打拼出来，才能够坦然地处理各种困难。陶华碧是个犟脾气，自己经营的成果，绝不容别人来占便宜。她常说：“我辛辛苦苦打下的江山，就要把它守好，寸土必争。”她开饭店时，很多人来买油辣椒，说找“老干妈”家，个别人就冒充说自己家就是“老干妈”家。虽然顾客最后知道他们不是正宗的就来了她家，但是陶华碧听到了就会去警告他们：“以后再这样冒充，我就对你不客气。”

诚诚恳恳经营出来的名号，怎能被那些投机取巧之人盗取？“老干妈”是属于陶华碧的，其他都是冒牌。她背着背篼到处去推销产品的时候，那些假冒“老干妈”的企业在哪里？她为了尝辣椒嘴皮长泡的时候，他们在哪里？她拎着篮子厚着脸皮去玻璃厂拣瓶子的时候，他们又在哪里？

现在，陶华碧把名号打响了，他们就来偷她的成果了，天下哪有这样的道理！

在1994年陶华碧创业的时候，她就将“老干妈”这三个字用在风味豆豉辣酱的包装上，就是要让大家知道，这个辣酱就是老干妈亲自做的，和别家的有很大区别。

名字是品牌，是标记；质量是生命线。为什么人们不买其他家的而选择“老干妈”家的，就是因为他们记住了“老干妈”这个名号。大家想到油辣椒、辣酱就想到“老干妈”，想到“老干妈”就想到陶华碧。你想，这背后浸透了她多少努力和汗水！因此，她绝对不允许那些小偷小摸来窃取她的辣椒疆土。

商标没有注册下来，陶华碧非常着急。她当时想，自己注册不下来，别人也注册不下来。但是心里总还是很担心，万一谁把这个商标注册了，这么多年的心血就泡汤了。“老干妈”商标不下来，人们的想法就多了，很多人都想在她的碗里分“老干妈”的一杯羹。

有些小厂家直接假冒，但是“老干妈”追得紧、打得严，发现假冒伪劣产品，马上追查、举报，就地销毁。很多人吃了苦头，不敢再假冒了。之后，有个别人就有了新的想法，这个“老干妈”油辣椒能赚钱，那为什么不把这个牌子合法化呢？反正陶华碧也注册不了。

于是，问题就来了。

第三节　自己的商标被人抢先注册

1997年9月，湖南“老干妈”来了。

湖南“老干妈”是湖南的企业。成立后的两个月，也就是1997年11月，这家公司就和贵阳南明唐蒙食品厂签订生产合同，由贵阳这家食品厂提供生产技术，湖南华越食品有限公司（以下简称湖南华越公司）提供设备、设施和场地，联合生产“老干妈”风味豆豉辣椒酱，并于当月上市。

一看，这帮人就是有备而来的。他们弄了个“老干妈”牌子，又在贵阳市南明区生产，不知道内情的人以为他们生产的才是正宗的“老干妈”。

当时，陶华碧正在忙着指挥工人炒辣椒：“这个辣椒吃起来还不够香，有点生，还要炒两分钟！”

这时候，公司搞营销的负责人跌跌撞撞跑了进来。陶华碧从来没见他这样惊慌过，赶紧放下手中的活，问是怎么回事。

这名负责人喘着气说："老干妈，出大事了！"

"啥大事？天塌下来有个子高的顶着，遇事要冷静，别这样慌慌张张的。"陶华碧让其冷静。

随后，陶华碧让他到办公室讲。这人一进门就说："不好了！湖南有了一家'老干妈'！"

陶华碧说："假冒的企业不是很多吗？现在多一个'老干妈'不用着急！"

陶华碧心想，不就是多一个小作坊来假冒吗？按照以往惯例，该举报就举报，该销毁就销毁。

这时，这位负责人把水放在一边生气地说："老干妈！这回和以前那些不一样，这个湖南'老干妈'是来抢你的'老干妈'牌子的！"

"抢我牌子？"陶华碧急了。

开实惠饭店时，陶华碧就开始使用带她头像的包装瓶贴。

瓶贴以红色为基本色调，中部上方是置于白色椭圆形图案内的陶华碧头像，头像下方是请贵阳一书法爱好者用钢笔书写的有显著特征的"老干妈"三个字，再往下横写的一行字是企业名称，左右两侧对联式地竖写着"实惠饭店""风味豆豉"字样，再往两侧分上下两行分别横写着"香辣突出""优雅细腻""贵州特产""精工酿造"字样。这24个字均置于黄色椭圆形框内。

左边的两行字内，是用小字书写的产品说明；右边的两行字内，是用小字书写的产品配方、执行标准、厂址、电话号码等。

陶华碧喜欢红色，因为辣椒是红色的，国旗、党旗也是红色的。红色代表着喜庆，陶华碧希望大家的生活红红火火。

现在，陶华碧正在埋头搞生产时，湖南“老干妈”来了。经过大家一番解释，她总算清楚了这个湖南“老干妈”的来头。陶华碧这次还真是紧张了，立即组织公司高层开会商讨应对的办法。

老干妈公司管理层都是到过上海、深圳等地学习的，有知识、有文化，遇到困难都你一言我一语地发表自己的观点。

最后，陶华碧安排专人赶紧咨询专业人士，制定对策。

那些日子，陶华碧失眠了，躺在床上翻来覆去睡不着。她一直以为，做生意诚实守信、老老实实就行了，却突然冒出了一些不属于生产销售的问题。生意做大了，有人就想来分一杯羹，关键这杯羹压根就不

“老干妈”辣酱成品

属于他们。

陶华碧正在遭遇一场严峻的商业战争。由于商标没下来，“老干妈”成了竞争对手眼里的唐僧肉。如果湖南“老干妈”成功吃了这块唐僧肉，那陶华碧苦心经营的整个老干妈公司就将彻底土崩瓦解，做得再好也没用。如果湖南“老干妈”胜利了，那肯定会冒出成都“老干妈”、广州“老干妈”、北京“老干妈”、南京“老干妈”……大家都来用“老干妈”这个牌子，生产的产品质量良莠不齐，这个品牌就彻底完了。

陶华碧相信改革开放的政策，相信国家对市场经济的调控。一个健康发展的市场环境，绝不会允许这种投机行为，绝不会允许这种篡取别人的劳动果实的行为。

这个湖南“老干妈”确实让陶华碧有些头大，因为他们在钻法律的空子。怎么办呢？用什么方法能阻止这个公司侵权？陶华碧也没有办法。那些违法的假冒行为，可以请求执法部门用法律法规打击他们；但这个湖南“老干妈”并没有违法，这些人是在钻法律法规的空子。

负责处理此事的小组四处去咨询对策，陶华碧每天都要听一次汇报，看进展情况。

后来，陶华碧把公司名称变更了，再把新的公司名称等打在外观设计上，并赶紧申请外观设计专利。研究知识产权的专家给老干妈公司建议，专利申请需要一个过程，时间较长，最保险的办法是赶紧到版权局去登记版权，这样时间最短，一旦湖南“老干妈”敢来侵权，就用保护知识产权的法律武器对付它。

这个湖南“老干妈”确实让陶华碧有些慌，她老老实实做生意，没有想到会有这样的人来搅乱市场。

1997年11月，老干妈公司完成了更名。1997年12月27日，陶华碧赶紧将企业名称更改后的瓶贴向国家专利局申请了外观设计专利，并于1998年8月22日获得了专利权。

为了抢先保护“老干妈”这个牌子，在1997年12月30日，老干妈公司还在贵州省版权局进行了版权登记。就是要在外观设计专利未下来之前，通过版权登记，以便能够用法律打击假“老干妈”。同时，抓紧重新申请注册“老干妈”商标，那才是真家伙，才能让“老干妈”这个名字真正属于老干妈公司。

湖南“老干妈”也不是省油的灯，他们知道陶华碧的软肋，陶华碧不打广告。于是，他们就拼命打广告，制造湖南“老干妈”才是正宗“老干妈”的假象。

1998年4月，湖南华越公司与贵阳南明唐蒙食品厂的合同解除，单独继续生产。

他们的产品被湖南有关方面评为名牌产品，并获得了湖南市场占有率最高品牌荣誉证书。

湖南华越公司当时对外宣称，为了宣传他们的“老干妈”风味豆豉辣椒酱，共花费了270万元的广告宣传费。

在老干妈公司着手申请注册“老干妈”商标的时候，湖南华越公司也开始申请注册湖南“老干妈”的商标。

那时候，两家公司像打仗，争分夺秒。

湖南“老干妈”虽然一心想抢“老干妈”这个品牌，但他们百密一疏，他们的注册时间晚于贵阳“老干妈”。

贵阳“老干妈”在1997年的12月开始注册申请，湖南“老干妈”在1998年的1月20日才开始注册申请。贵阳“老干妈”在1998年的8月22日拿到了外观设计专利，湖南“老干妈”在1998年10月10日拿到了外观设计专利。

湖南华越公司的产品瓶贴，从与贵阳南明唐蒙食品厂联合生产销售产品时开始使用。

陶华碧连夜召开紧急会议，宣布要不惜一切代价打赢这场仗。要么彻底把他们打垮，要么老干妈公司彻底垮掉。自古邪不压正，陶华碧内心是坚信能够把对方打垮的。

经过仔细分析，大家相信老干妈公司已经稳操胜券，这时候陶华碧的心才稍稍平稳了些。

这个1998年，是很不平凡的一年。这年长江发生了自1954年以来的又一次全流域性大洪水，从6月中旬起，因洞庭湖、鄱阳湖连降暴雨，长江流量迅速增加。

这一年，陶华碧也特别特别的累。生产、销售，加上商战，让陶华碧心力交瘁。有时候她在想，要是个普通人多好，虽然每天辛苦劳累，但是一家人无忧无虑，不用担心树大招风。这次对手的手段非常厉害，厉害到让陶华碧这个经历无数风雨的人都感到有些不寒而栗。

大家都知道公司有条铁律是不偷懒，还有一条铁律是不合格的产品不能出厂。但是湖南“老干妈”的出现，让陶华碧有些心灰意冷，自己坚持着一步一步走来，靠坚守质量这条生命线，让“老干妈”成了大家公认的好油辣椒，但现在不行了，仿佛只要会投机取巧就行了。

身体有些吃不消，陶华碧去医院输液，就让公司停止生产。生产一停，销售就慌了。她的秘书到后来都不敢接电话，因为来自全国各地的经销商都在催货。

第四节　品牌保卫战

当年在陶华碧的实惠饭店打工的学生小飞侠，如今已是一个省的总经销，听说老干妈病了，赶紧来贵州看望，到陶华碧面前时，几个公司高层都在。

陶华碧把小飞侠喊过来，问她："你现在一年能赚多少钱？"

小飞侠有些不解，但还是老老实实地回答有100多万元。

陶华碧很高兴，说："那就好，当年技校的小姑娘，现在都有出息了。有这么多钱，你也能够过上好生活了。"

陶华碧叹了口气，小飞侠见了，不知道怎么回答，眼睛定定地看着她，非常难过。

小飞侠从来没有见过一向坚强的老干妈如此悲观，也从来没有见过她对谁说这些年来的苦。这么多年来，她打落牙齿和血吞，吃了苦就往肚里咽，从来没对谁叫过苦和累。陶华碧的苦，说了又有什么用，倾诉自己的痛苦，无非是亲者痛仇者快。陶华碧的儿子李贵山和李辉都正是血气方刚之年，她不能把自己的负面情绪传递给他们。但陶华碧每天这样拼了命地忙工作，很多话堵在心里，不说不快，积压了好几年的苦，这时候爆发了。陶华碧把小飞侠当作老朋友一样，对她说："我不想干了，太累了，我已经这把年纪，赚的钱已经够我们一家人用几辈子，还有什么拼法？"

小飞侠很少反驳陶华碧，看她情绪不对，也顺着说："不干就不干，干妈，我们好好生活哦。"

旁边几个负责营销的人壮起胆子问："老干妈，什么时候恢复生产？到处都在催货。"

陶华碧看了他们一眼，叹气说："不做了，这做下去有什么意思？"

"为什么啊？"在场的人都不解。

陶华碧又说："我老了，累了，干不动了，现在也赚了点钱，知足了……"

说完这话，陶华碧自己也很难过，悲伤、气愤、委屈，五味杂陈，全涌上心头。她看着大家也眼泪汪汪的，赶紧对他们说："我想过点正常人的生活。"

大家都没有说话，只是默默地点头，他们知道这都是湖南"老干妈"闹的。从假冒企业纷纷滋生蔓延的那一刻，陶华碧就不仅仅是管生产销售这么简单，还要负责和这些企业干架，打垮它们。

"不做就不做，给我两个哥分别找个嫂子，生些孙子，干妈享受天伦之乐。"小飞侠跟了陶华碧这么多年，最了解她的心思。本来陶华碧正在难过，被她给逗笑了。

小飞侠说，这是陶华碧这几年笑得最灿烂的一次，她好久都没看见她笑了。

自从做生意以来，陶华碧整天都板着个脸，不是她不想笑，是各种各样的事情让她根本就笑不出来。这些年来，要么是生产上有事，要么是销售上有事，这回是别人找上门来挑事了。

在陶华碧身体吃不消，有些心灰意冷之际，湖南“老干妈”却没闲着。老干妈公司一停产，他们就立即攻陷了贵阳“老干妈”的一些小经销商。

气氛刚缓和，小飞侠就接了个电话。在电话里，她很着急也很大声地问道：“什么？湖北市场出现假货！”

陶华碧整个心都提了起来，这些人啊，简直是无孔不入，哪怕只有一天没盯好市场，他们就来了。

“不是假货，是真货？”小飞侠声音很大，像是被对方讲糊涂了。

“是湖南‘老干妈’？嗯……好，我马上给老干妈汇报。”小飞侠说着挂了电话，然后对陶华碧说，由于这段时间公司产品生产不太跟得上，湖南“老干妈”的产品就补充给了一些经销商。

陶华碧整个人都惊呆了，这些家伙趁“老干妈”稍做整顿的时候，就出手抢占市场。

陶华碧气不打一处来，原本不想再做这个伤神的公司了，现在这些人已经把战火点到“老干妈”头上，不能就这么轻易地放过他们。如果就这么放弃了，那她就不是陶华碧了。她只是累了需要休整一下，她知道，自己不能输，绝对不能输给他们。想趁“老干妈”困难之际打倒她，陶华碧没有那样脆弱。

她一把掀开被窝，把输液针也一把扯掉，按住针孔就跳下床来穿鞋，挥手喊大家赶紧回公司。那时候，公司没买专车，一行人打了几辆出租车就往公司赶。

陶华碧让小飞侠先飞回湖北，冷静、果断处理这次湖南“老干妈”的产品问题。

陶华碧叮嘱她，不惜一切代价，一定要先稳住经销商，公司会加班加点生产，“老干妈”的产品随后就到。如果情况严峻，不要怕公司损失大，用正宗的“老干妈”把湖南“老干妈”的产品全部换掉，不能让湖南“老干妈”大行其道，也不能让不知情的消费者以为那就是“老干妈”油辣椒的水准。

在路上，陶华碧和大家商量这次出现的问题，并问公司的小李：“你们不是说我们有了设计专利，其他公司就不敢来侵犯我们的合法权益吗？这个湖南‘老干妈’是怎么回事？”

小李有些为难地说：“不知道为啥会出现这个情况，不行我也去湖北，现场看了处理。”

陶华碧说这样最好，然后告诉他，去处理这事要冷静果断，不要在细节上纠结，要快刀斩乱麻，如果对方侵权，就收集证据，再收拾他们。

为了给大家鼓劲，陶华碧告诉他们，“老干妈”就是打不死的“老干妈”，即便被人打倒在地，也会马上爬起来，再打倒，再爬起来。

见陶华碧恢复了斗志，大家开始开展各项工作，准备大战湖南“老干妈”。

在办公室，当陶华碧拿到湖南“老干妈”的产品和自己的“老干妈”产品仔细一对比后，整个人都气炸了：这个湖南“老干妈”通过的外观设计专利，和贵阳“老干妈”唯一的区别就是贵阳的“老干妈”是椭圆形图案，他们的“老干妈”是菱形的。

俗话说，屋漏偏逢连夜雨。正在陶华碧生气的时候，一名公司中层管理者进来说：“不好了，湖南‘老干妈’的注册商标通过了。”

“他们注册的什么商标通过了？”陶华碧赶紧问。

这名中层管理者回答：“‘刘湘球老干妈及图’的商标，他们注册了第三十类商品，完全覆盖了调味品这个行业。”

“他们什么时候下来的？”陶华碧问。

“12月1日。”

明明是陶华碧首创，可是却被抢先了一步注册。陶华碧把手中拿着的水果重重砸在桌子上，问负责注册商标的员工：“我们的商标注册得如何了？”

注册商标的员工赶紧去查，一查说老干妈公司的商标在12月31日也通过了。

陶华碧让员工去查清楚，湖南“老干妈”为什么也叫“老干妈”。

不多时，员工发来了媒体对真假“老干妈”的报道，并念给她听。

对贵阳“老干妈”是这样介绍的：

贵阳老干妈公司“老干妈”的称谓，源于陶华碧乐善好施。陶华碧，贵州省湄潭县永兴镇人，因姐妹多、家境贫寒，母亲常嘱其在家做饭，因而自幼辍学。陶因厨艺有家传加上好学，练得一手制作调味品的绝技。后随在地质队工作的丈夫到贵阳定居。20世纪80年代初，丈夫不幸去世，陶带着两个年幼的孩子四处打工却难以维持生计，于是先摆粉摊后开饭店，诚以待客，并配以独特风味的豆豉辣椒酱佐食和送客，生意渐隆。其间，贵阳技工学校一位家境贫寒的学生常来吃饭，有过辛酸家世的陶华碧动了恻隐之心，对欧阳等学生倍加关心，不仅让其免费用餐，还资助他们完成学业。大家深受感动，称陶华碧为干妈，其他人也跟着称陶华碧为“老干妈”，一则以示区别，二则表示尊敬。“老干妈”的称谓就这样传扬开了，知道陶华碧真名的人反而不多。由于顾客认“老干妈”的豆豉辣椒酱，“老干妈”实际上已成为特定风味的豆豉辣椒酱的代名词，陶在批量生产辣椒制品时，便将产品定名为“老干妈”。这件事经过近几年媒体多次报道，已成当地人熟知并且容易加以认定的事实。

而湖南华越公司的“老干妈”故事是这样的：

民国初军阀混战时，湘军的唐生智将军是湖南东安人，热爱美食，传统湘菜“东安仔鸡”即由他而来，并由此形成湘菜分系“唐家菜”。而真正成就唐家菜的是“老干妈”精心制作的系列调味品，“老干妈”的丈夫是府里很风光的厨师，其秘诀就是“老干妈”的调味品。湖南华越公司说，刘湘球是湖南人，掌握了“老干妈”的手艺，公司的“老干妈”产品和她的手艺有关系。

陶华碧听完，一拍桌子，骂道：“坚决把他们打下去！”

湖南华越公司最初生产的所谓“老干妈”产品，明明说是用的贵阳南明唐蒙食品厂的技术，有合同为证，现在又说是湖南“老干妈”的手艺，这也太能扯了。

随后，有人来告诉陶华碧，说湖南这家公司想来谈判，说要“商谈合作”。陶华碧想都不想就回答：“坚决不干！一个上门来抢我东西的人，抢了还来跟我商量怎么分，这不可能！”

陶华碧让人去告诉对方，这是不可能谈的，没有任何谈的余地。“老干妈”就是陶华碧打下的品牌，任何人都不能侵犯。陶华碧宁愿让老干妈公司战死，也不会与这种企业谈合作，这是她做人做事的原则。

员工们告诉她，两个“老干妈”商标批下来后，贵州媒体也是一片哗然。

一些法律界人士也觉得特别奇怪，既然今天可以批两个“老干妈”，明天是否还会批第三个、第四个“老干妈”？如果批了，市场岂不整个乱了套？如果不批，政策的延续性又表现在哪里？

陶华碧相信邪不压正，和湖南“老干妈”之战，只能坚持干到底，不能妥协，不能和解。拿起法律的武器，和他们干！

懂政策的高管给陶华碧解释，改革开放以来，我们国家逐步建立起社会主义市场经济体制，市场化程度大幅提高。虽然有些人会钻法律的空子，但市场化和法治化是保障市场经济健康有序发展的重要基石。

陶华碧咨询了律师，律师说按照相关法规，老干妈公司可以向国家市场监督管理总局商标评审委员会提出商标复审申请，同时向法院起诉湖南“老干妈”侵权。

形势越来越严峻，湖南“老干妈”正不断低价蚕食贵阳“老干妈”的市场，只要贵阳“老干妈”产品销售链一有点机会，就马上低价介入。贵州那家与湖南“老干妈”合作的公司也开始假冒“老干妈”的产品，明目张胆实施侵权行为。

第七章

产品至上：基业长青的根本

第一节　过招业界“李鬼”

陶华碧不止一次在公司会上说过，湖南“老干妈”敢这样侵权，她就是倾家荡产，也要把这个商标拿回来。明明是贵阳“老干妈”首创，商标注册却被他们捷足先登。社会主义市场经济有它的规矩，不能让这些人乱来。

于是，陶华碧的老干妈公司聘请了律师，开始收集证据，起诉湖南“老干妈”的不正当竞争。这场官司陶华碧有底气，一是她首创“老干妈”是事实，二是公司有外观设计专利权，三是贵州工商部门大力支持，四是她坚信邪不压正。

律师来帮老干妈公司整理材料，就让大家把材料读给陶华碧听。不听倒也罢了，越听越生气，老干妈公司的商标注册简直是一场“马拉松”：

第一次，1996年8月5日，申请“老干妈”商标注册；同年10月9

日，被以“‘干妈’系普通人称谓，故‘老干妈’用作商标缺乏显著特征”为由驳回。

第二次，1996年12月，申请“陶华碧及肖像”和“老干妈”商标注册；1998年6月21日，被核准注册“陶华碧及肖像”商标，“老干妈”商标注册未获准。

第三次，1998年4月13日，申请“老干妈”商标注册；同年4月16日获受理，次年1月6日，又被以“该商标系普通人称谓，用作本商品的商标缺乏显著性”为由驳回。

第四次，1998年10月，申请“陶华碧老干妈及肖像”商标注册，获受理。

第五次，1998年12月30日，申请“陶华碧老干妈及图”商标注册，获受理。

律师告诉陶华碧，这五次申请商标注册，除第四次是在第二十九类商品中申请外，其余均是在第三十类商品中申请的。所谓第二十九类商品是指肉类食品以及日用或贮藏用的蔬菜及其他园艺食品；第三十类商品是指日用或贮藏用的来自植物类的食品，以及调味佐料等。在第三次申请被驳回后，贵阳“老干妈”有过一次复审申请，仍未获批准。

湖南“老干妈”从1998年12月1日起，向国家商标局申请“刘湘球老干妈及图”商标注册，获受理并公告。

2000年5月14日，湖南华越公司的“刘湘球老干妈及图”在第二十九类商品商标注册，事实上等于国家商标局首次宣布“老干妈”不再因为被认为是普通人的称谓而不能注册。

律师认为，这一注册是以不正当手段取得的，就准备按照商标法争议裁定的规定，请求国家商标局予以撤销。

一些记者也上门来采访，他们将贵阳“老干妈”的卫生批号〔96〕第000859号与湖南“老干妈”的〔97〕第0745号一对比，就知道贵阳“老干妈”是在前面生产的。

而且，湖南“老干妈”生产之后，贵州省工商局公平交易处曾于1997年11月专门致函湖南省工商行政管理部门，双方共同联手，根据反不正当竞争法，对湖南“老干妈”进行查处。

查处归查处，现在是对方有了商标，“山寨货”来公开挑战正品，而且他们的商标比贵阳“老干妈”的还先受理。

1999年11月30日，贵阳“老干妈”就以不正当竞争为由将湖南“老干妈”告上了法庭。

在这个马拉松式的维权过程中，陶华碧接到的投诉越来越多。在湖北经销商告诉她当地出现大量的湖南“老干妈”后，一些消费者也写信反映，武汉市场上出现了大量的湖南“老干妈”产品。

碰巧这位消费者是律师，他在写给老干妈公司的信中说，湖南“老干妈”与陶华碧“老干妈”产品在产品类型、色泽、瓶身形状、食品包装图案等方面相似，且低价销售，消费者必须仔细辨认才会发现二者的细微差异，但会认为是一个投资者开设的两个公司。

“我到长沙出差，也发现了同样的情况。我判断对方违犯了反不正当竞争法，是侵权产品。特此举报，并建议在侵权地武汉而不是在长沙打这场官司，以避免地方保护主义。”湖南省一位姓田的消费者在给老干妈公司的信中这样说道。信中他还说，自己想买陶华碧“老干妈”产品，结果买成了湖南“老干妈”的，发现产品制作粗糙，味道不对，仔细看瓶贴左侧上的产品介绍，又发现将“老干妈”写成了“老大妈”。他说，让这样的产品流入市场，既损害了消费者的利益，也损害了“老干妈”的声誉。

各种侵权信息都汇集到陶华碧这里，她感慨万千，幸好消费者的心都向着贵阳“老干妈”。这一战不得不打，这是关系着老干妈公司、关系着“老干妈”产品质量和陶华碧个人声誉的大事。陶华碧始终相信国家政策会保护企业的合法经营，既然改革开放了，既然鼓励大家发展民营经济，国家就会在政策措施上对企业的合理诉求进行保护。

1999年6月，贵阳市南明区工商部门工作人员到西安配合当地工商部门进行打假，对贵阳南明这家与湖南“老干妈”有过合作的食品厂进行查处。

工商部门问这家食品厂负责人蒙某，为什么所用包装瓶贴与老干妈公司相似？蒙某回答，他觉得老干妈公司风味豆豉辣酱的包装好看，就仿他们的。他还说自己共生产了1000多件，每件24瓶。如果每瓶按8元卖给消费者，消费者误购损失就是近20万元。

原先，陶华碧知道蒙某假仿“老干妈”的时候特别生气。但此时，从这家曾经与湖南“老干妈”合作过的公司负责人口里，陶华碧基本上知道了湖南“老干妈”的来头和目的：他们是蓄谋已久想来攫取“老干妈”的辛苦果实，说白了就是在投机取巧。

第二节　菩萨心肠，霹雳手段

律师在收集证据时，从湖南“老干妈”以前的合作伙伴贵阳南明唐蒙食品厂找到了突破口，从工商部门拿到了该食品厂法人蒙某的供述。蒙某，是贵州省毕节市（注：原毕节地区）金沙县人，在供述材料中讲了湖南“老干妈”的来龙去脉。

原来，他是去长沙推销该厂生产的油辣椒产品时，认识了湖南“老干妈”的法人代表易某等人。易某开始想用贵阳这家食品厂的品牌在湖南生产，满足湖南销售市场。蒙某正准备生产的时候，他们对“夜郎女”这个品牌不够满意，觉得这个品牌不够响亮。

接着，他们就拿出了事先准备好的瓶盖、商标、包装物等。蒙某一看全是“老干妈”的，赶紧给他们解释这是贵阳的知名产品，是别人家的牌子，不能用。易某就说：“你不要管那么多事，如果生产‘老干妈’出了什么事，不用你负责。”

蒙某当时已经投入了部分资金，只好和易某签订了生产合同，以提供生产技术为条件，与湖南华越公司联合生产“老干妈”系列产品。

后来，和湖南这家公司解除合同后，蒙某又到西安开办了贵阳南明唐蒙食品厂西安三家庄分厂，继续生产“老干妈”风味豆豉辣椒酱等产品。

现在，真相大白于天下。陶华碧这人遇到困难从来不会服输，见到这种杀上家门来的人，更是要和他们拼到底。

老干妈公司向北京市第二中级人民法院提起诉讼，状告湖南华越公司及销售湖南“老干妈”的北京望京购物中心侵犯其合法权益，要求法院判令他们停止侵权行为，销毁全部侵权瓶贴、标识，并公开赔礼道歉、消除影响及赔偿经济损失40万元。

经过长达一年半的审理，2000年8月10日，北京市第二中级人民法院正式下达判决书。判决书中说：“从原告老干妈公司的历史沿革不难看出，‘老干妈’作为对该公司创始人陶华碧女士的尊称，作为商品名称，已与该企业及其生产的风味豆豉辣酱密切相关，成为一体。原告老干妈公司所使用的‘老干妈’风味豆豉包装瓶瓶贴设计具有一定的独创性，亦应予以保护。”

判决书还写道：“被告公司生产、销售与原告老干妈公司相同的商品——风味豆豉辣酱，前者缺乏合理的依据，有明显的‘搭车’故意。被告公司与贵阳南明唐蒙食品厂在1997年11月至1998年初生产的‘老干妈’风味豆豉辣酱包装瓶上所使用的瓶贴，在图案设计、色彩、内容文字等方面，与原告老干妈公司生产的‘老干妈’风味豆豉包装瓶上所使用的瓶贴极为相似，甚至连原告老干妈公司由专人设计书写的‘老干妈’三字的独特字体也是相同的。故被告公司的上述行为构成了不正当竞争，被告公司对此应承担相应的法律责任。”

法院审理认为，湖南华越公司获得外观设计专利的瓶贴，与原来照搬老干妈公司的瓶贴相比，“未有实质性变化”。

这是明眼人一看都知道的侵权行为，但是通过法院审理最终还是没有得到令陶华碧满意的结果。

湖南“老干妈”在给北京第二中级人民法院的答辩状中，声称自己并未侵权。他们认为：“原告未对‘老干妈’进行注册，因此不享有商标专用权。”

贵阳“老干妈”的律师认为，国家商标局拒不注册“老干妈”商标的行为，客观上起到了为湖南“老干妈”的假冒侵权行为“保驾护航”的作用。

1998年12月1日，湖南华越公司也向国家商标局提出了“刘湘球老干妈及图”的商标注册申请。这次，国家商标局的标准变了，不再说“老干妈”“无显著特征”，对湖南这家公司的“刘湘球老干妈及图”商标进行了初审公告，使他们取得了初审的优先权。

这样的情况下，国家商标局才在贵阳“老干妈”的申请被拒好几次后说可以注册。于是，贵阳“老干妈”又在1998年12月30日第五次提出商标注册申请。

直到开庭前几天的2000年8月3日，国家商标局才正式作出裁定，以二者“能够明确区别，而不易混淆误认”为由，对“陶华碧老干妈及图”商标与“刘湘球老干妈及图”商标同时予以核准登记。

律师对陶华碧说，国家商标局的这个结果，不但成为湖南华越公司在法庭上为自己行为辩解的论据，也影响到法院的相关审理工作。

北京市第二中级人民法院在判决书中对湖南华越公司的侵权事实予以了毫不含糊的确认，但是，最后却并未完全据此判决：除判令湖南华越公司停止使用并销毁其未获得外观设计专利之前的照搬老干妈公司的瓶贴并赔偿经济损失15万元外，对老干妈公司的其他诉讼请求未予支持。

判决书上写得很明白——这样做，是“鉴于国家市场监督管理总局商标局已审定被告‘刘湘球老干妈及图’商标予以核准注册”。

原本简单的事情，现在又变复杂了。

第三节 “刮骨式”打假

后来，陶华碧基本弄清楚了这个判决的主要意思：湖南“老干妈”赔偿之前的非法所得，但是以后两个“老干妈”品牌可以共存了。

陶华碧让律师们把对应法律给她找来，一条一条读给她听，这个案子涉及了商标、反不正当竞争、专利等方面的法律。

1993年2月，我国修正颁布的《商标法》规定：商标使用的文字、图形或者其组合，应当有显著特征，便于识别。两个或者两个以上的申请人，在同一种商品或者类似商品上，以相同或者相近似的商标申请注册的，初步审定并公告申请在先的商标；同一天申请的，初步审定并公告使用在先的商标，驳回其他人的申请，不予公告。商标注册的申请日期，以商标局收到申请书件的日期为准。申请手续不齐备或者未按照规定填写申请书件的，予以退回，申请日期不予保留。

1993年9月，我国颁布的《反不正当竞争法》对不正当竞争行为有如下界定：擅自使用知名商品特有的名称、包装、装潢，或者使用与知名商品近似的名称、包装、装潢，造成和他人的知名商品相混淆，使购买者误认为是该知名商品。

1992年9月，我国修正颁布的《专利法》规定：授予专利权的外观设计，应当同申请日以前在国内外出版物上公开发表过或者国内外公开使用过的外观设计不相同或者不相近似。

法律依据找到了，基本情况了解了，老干妈公司再次开会商量，决定立即提起上诉。这是陶华碧创造的牌子，凭什么让他们来分？陶华碧辛辛苦苦打下来的品牌，就要想方设法保护它，其他人来侵占，坚决不行。赢了官司输了品牌，这是哪门子道理？

当时，这件事引来了《中国青年报》《经济参考报》等国内媒体对老干妈公司的声援。

《中国青年报》采访陶华碧时，陶华碧就给他们说，从法院的判决、工商部门的调查和消费者投诉的情况看，湖南华越公司就是靠仿冒知名产品起家的。如果让这样的产品盗用名牌的称谓和相似的图案设计，就是对保护市场经济正常竞争秩序的亵渎，就是对消费者不负责任，也是对知识产权的蔑视。各种假冒仿冒贵阳“老干妈”的产品，打不胜打，如果让湖南华越公司的商标注册了，是不是其他仿冒的也可以注册？

陶华碧对具体法律不是很懂，当时她接受记者采访，实际上也是和律师反复沟通过的。

陶华碧告诉记者，如果说“老干妈”是普通人的称谓不能注册，为什么在此之前相似的“康师傅”“洪大妈”“贵夫人”却能注册？为什么现在两个“老干妈”都可以注册了？这看起来是想两全其美，实质上是鹊巢鸠占。商标注册有申请在先和使用在先的原则，具有唯一性和排他性，应当严格依法办事，维护其严肃性。

第四节　这个市场有点乱

老干妈公司在给北京市高级人民法院的上诉书中，引用了最高人民法院于1993年8月16日发布的《关于在专利侵权诉讼中当事人均拥有专利权应如何处理问题的批复》作为依据。这份《批复》中说：“人民法院不应当仅以被告拥有专利权为由，不进行是否构成专利侵权的分析判断即驳回原告的诉讼请求，而应当分析被告拥有专利的具体情况以及与原告专利权的关系，从而判定是否构成侵权。”

因此，对获得了外观设计专利的“刘湘球老干妈”瓶贴，与“陶华碧老干妈”瓶贴相比，法院既然已确认除黄色椭圆形图案变成菱形图案外，其余均未有实质性变化，就应当作出侵权判决。

几天后，员工们拿报纸来念给陶华碧听，说湖南“老干妈”也在媒体上发表各种意见，说他们也是受害者。

原来，湖南华越公司副总经理李某在报纸上说：“商标局受理我们的商标注册是在1998年12月1日，受理贵阳老干妈企业的是在同年的12月30日，我们受理在先；商标局初审公告我们的商标注册是1999年12月30日，初审公告贵阳老干妈企业的商标注册是2000年1月7日，我们公告在先。因此，湖南华越公司应当享有优先权。”

这个湖南“老干妈”一边和贵阳“老干妈”打嘴巴官司，一边在市场上制造各种动静。

在他们的鼓动下，万客隆超市将他们下属的三个超市销售的陶华碧“老干妈”产品全部撤柜，换成湖南“老干妈”的产品。湖南“老干妈”还去一些超市门口打出巨型横幅，给自己加油鼓劲。

实际上，为了讨回“老干妈”商标，陶华碧和贵州省的一些领导积极主动地去找国家市场监督管理总局沟通，但得到的答复是两家都可以用“老干妈”商标。

面对商标局、市场乱象和竞争对手的压力，陶华碧仍然不气馁，决定哪怕倾家荡产也要和他们打到底。“你再有权有势，也要讲道理，我们国家推行公平交易，法律绝不会允许你们胡来，我陶华碧就算砸锅卖铁也要打这场官司。”陶华碧接着说，“大家公平竞争，讲究正义和良心，你要有本事，重新去创一个品牌出来，我会对你竖大拇指，我觉得你是伟大的；但我们有了一个品牌，你就来仿冒、搭车，甚至来抢注，抢我的成果，那不行。我创造出来的品牌，就是我的，真金不怕火炼，我不怕你们。”

在这个过程中，陶华碧感受到了党的好政策。在知道贵阳“老干妈”与湖南“老干妈”打官司后，地方各级政府领导纷纷出来帮助陶华碧。在危难关头，时任贵阳市市长孙国强和中国加入世界贸易组织首席谈判代表龙永图为贵阳“老干妈”提供了帮助，大大提高了贵阳“老干妈”诉讼团队的辩论水准。

第五节　真相大白，名满天下

2001年3月20日，北京市高级人民法院作出了最终判决。判决湖南“老干妈”构成不正当竞争，停止在风味豆豉产品上使用“老干妈”商品名称，停止使用与贵阳“老干妈”相近似的瓶贴，赔偿经济损失40万元，并登报道歉。

至此，贵阳“老干妈”赢了官司，赢回了品牌。赔偿、道歉是一回事，更重要的是，他们停止使用“老干妈”名称和与称谓相似的瓶贴。

陶华碧和公司管理层开了会，会上请诉讼团队把判决书念给她听。他们逐字逐句地念，大家认真分析，就光从两个公司成立的背景和业绩，也能看出谁是认真做事的。

“北京高院审理查明，贵阳南明‘实惠饭店’成立于1994年1月，创始人是陶华碧女士。该饭店于1994年11月更名为贵阳南明陶氏风味食品店，1997年5月更名为贵阳南明陶氏风味食品厂，1997年11月更名为贵阳南明老干妈风味食品有限责任公司。1994年11月，贵阳老干妈公司推出了以‘老干妈’为商品名称的风味食品，其中以‘老干妈’风味豆豉备受消费者欢迎。”

这次庭审现场陶华碧委托了两个人辩护，一个是中原信达知识产权代理有限责任公司商标代理人安翔，另一个是科华律师事务所律师邹海林。一个负责知识产权方面的辩护，一个负责法律层面的辩护。

结果诉讼团队大获全胜，士气高涨。陶华碧问他们，这次湖南“老干妈”还会不会再上诉？邹海林说：“这是终审判决，按照法律程序，他们不能再上诉了。”

“好，请你们接着讲！”陶华碧心里特别高兴，请他们继续给她讲打官司的情况。

光是听着判决书前面法院审理认定两家公司的背景，陶华碧的眼泪就差点滚出来了。这看似千把字的介绍，付出了她多少心血。

判决书上说，1996年8月，贵阳南明陶氏风味食品店开始在其生产的“老干妈”风味豆豉外包装上，使用其经理李贵山设计的包装瓶瓶贴。该瓶贴以红色为基本色调，整体图案的中部为产品发明人陶华碧女士的肖像。肖像下部为书写独特、鲜明的“老干妈”三个字，肖像左、右两侧自上而下分别写有“实惠饭店”“风味豆豉”八个字，该八个字均置于黄色椭圆形图案内；整体图案左部为产品说明文字，右部为产品配方和执行标准等文字，在这些文字的上下两边分别写有“香辣突出”“优雅细腻”和“贵州特产”“精工酿造”等字，这些字均置于黄色椭圆形图案内。

1997年12月，李贵山就其设计的瓶贴向中国专利局申请了外观设计专利，并于1998年8月22日获得外观设计专利权。李贵山还于1997年12月30日将该瓶贴在贵州省版权局进行了产品设计图纸的版权登记。1999年1月，贵阳市人民政府将“老干妈”风味豆豉列为贵阳市名牌产品，贵州省经济贸易委员会和贵州省技术监督局确认陶华碧牌“老干妈”风味豆豉为贵州省名牌产品。1999年11月，中国食品工业协会颁发给老干妈公司先进企业证书。老干妈公司提供了其自1997年到2000年每年销售“老干妈”风味食品的数量及向国家纳税的有关证据，证明其1998年的销售额为4548万元，为国家纳税329万元；1999年的销售额为1.07亿元，为国家纳税近1500万元；2000年的销售额为1.315亿元，为国家纳税2464万元。

而湖南华越公司于1997年9月成立。同年11月，该公司与贵阳南明唐蒙食品厂签订了“联营协议书”，约定双方共同开发生产“老干妈”风味豆豉，贵阳南明唐蒙食品厂提供技术，湖南华越公司提供生产所需的设备、设施及场地。同年11月，双方联合生产的“老干妈”风味豆豉开始上市。该产品使用的包装瓶瓶贴与老干妈公司使用的包装瓶瓶贴相比，除产品批号、执行标准、生产厂家、厂址电话、邮政编码不同，以及将陶华碧女士肖像换成了刘湘球女士肖像外，其余色彩、图案、产品名称及“老干妈”三个字的字体均相同。其中，湖南华越公司的“老干妈”三个字的字体是从书法家史穆先生的题词“祝愿湖南老干妈风味豆豉飞黄腾达”中摘录下来，用在联营产品外包装上的。

让湖南“老干妈”大跌眼镜的是，史穆先生在提交的文字证明中称，题词中“老干妈”三个字系按照湖南华越公司提供的字体临摹的，不是其本人作品。

这就是“得道多助，失道寡助”。湖南“老干妈”请来书法家写字，本想以此证明自己是原创，却处处漏洞百出。

1998年1月，湖南华越公司以其法定代表人易某设计的“老干妈”风味豆豉的瓶贴向中国专利局提出外观设计专利权的申请，于1998年10月被授予外观设计专利权。

法院通过将他们的瓶贴与李贵山设计的老干妈公司使用的瓶贴对比，发现其只是将写有文字的椭圆形图案改成了菱形图案。随后，这家食品公司与贵阳南明唐蒙食品厂将其联合生产的风味豆豉的瓶贴进行改版，改版后的瓶贴使用了获得外观设计专利权的图案，但仍使用了与老干妈公司产品瓶贴中字体相同的“老干妈”三个字。

1998年4月，湖南华越公司与贵阳南明唐蒙食品厂签订“合同终止协议书”，双方解除了联营关系。湖南华越公司开始单独生产“老干妈”风味豆豉等系列风味食品，仍以“老干妈”为商品名称，并继续使用原来的包装。湖南华越公司为宣传其生产的“老干妈”风味豆豉花费了一定数量的广告费用。

1999年，北京燕莎望京购物中心与北京市兴蜀蓉府南食品有限公司建立商品代销关系。1999年5月，北京市兴蜀蓉府南食品有限公司与湖南华越公司签订了购销合同，约定向湖南华越公司购买价值7万余元包括“老干妈”风味豆豉在内的系列产品。之后，北京燕莎望京购物中心开始为北京市兴蜀蓉府南食品有限公司代销湖南华越公司生产的“老干妈”系列风味食品。北京燕莎望京购物中心审查了由北京市兴蜀蓉府南食品有限公司提供的湖南华越公司的企业法人营业执照，卫生许可证，进京食品、食品用产品卫生质量认可证，外观设计专利证书，税务登记书及购销合同等相关文件。

1999年8月，老干妈公司从北京燕莎望京购物中心购买了湖南华越公司生产的“老干妈”风味豆豉及“老干妈”风味辣三丁，外包装瓶上使用的均是湖南华越公司获得外观设计专利权的瓶贴。

1998年12月1日，湖南华越公司向国家商标局申请注册“刘湘球老干妈及图”商标，使用类别为第三十类商品。该商标已被初步审定并公告。同年12月30日，老干妈公司向国家商标局申请注册“陶华碧老干妈及图”商标，使用类别为第三十类商品。该商标亦已被初步审定并公告。在异议期内，双方分别对对方商标提出异议。2000年8月，国家商标局分别作出了商标异议的裁定，驳回异议人所提的异议。双方均在法定期限内，向国家商标评审委员会申请复审。

1998年5月至1999年1月，全国各地出现了由不同厂家生产的“老干妈”系列产品。为此，贵阳市工商行政管理局向全国各地工商行政管理局发函，请求予以查处。各地工商行政管理局分别进行了查处。

1999年11月30日，老干妈公司以湖南华越公司生产的“老干妈”风味豆豉盗用了其产品的特有名称，并仿冒其产品瓶贴，在消费者中造成混淆、误认，侵犯了其合法权益，以及北京燕莎望京购物中心违法销售湖南华越公司生产的仿冒“老干妈”产品，亦侵犯了其合法权益为由，向北京市第二中级人民法院提起诉讼，请求：停止在被控侵权产品上使用与其产品瓶贴相近似的包装、装潢；停止使用“老干妈”商品名称；销毁被控侵权产品及其标识、瓶贴；赔礼道歉、消除影响；赔偿经济损失40万元并承担诉讼费用。

陶华碧带领员工踏踏实实做事，每一步都走得实在，包括税收打假这些，都成了他们是知名商品的佐证。

北京市高级人民法院认为，知名商品是指在市场上具有一定的知名度，为相关公众所知悉的商品。根据本案的相关事实，老干妈公司生产的“老干妈”风味食品自投放市场以来，受到消费者的青睐，在较短时间内产品便畅销全国，销售量一直呈上升趋势，为国家纳税上千万元。即使在市场上出现了侵权产品的情况下，其销售量仍然处于上升趋势。由于其产品质量好、知名度高，在全国各地相继出现了多家仿冒其产品的厂家，严重损害了广大消费者的利益。1998年、1999年，贵阳市工商行政管理局多次向全国各地工商行政管理局发出公函，请求予以查处。由于该商品在市场上具有一定的知名度，属于为相关公众所知悉的商品，故应认定该商品为知名商品。

北京市高级人民法院认为，我国反不正当竞争法对侵权赔偿确定的原则是，以权利人因侵权人的侵权行为而受到的损失或侵权人获得的利润为赔偿依据。由于老干妈公司没有提供其因侵权而受到的损失，湖南华越公司也没有提供其因侵权所获得的利润，故法院按照实际情况予以酌定。湖南华越公司在1998年至1999年为此产品支出广告费用近160万元，按照商业惯例，经营者所获利润通常要高于广告投入，故老干妈公司要求湖南华越公司赔偿40万元的诉讼请求应予支持。北京燕莎望京购物中心销售了湖南华越公司生产的侵权产品，老干妈公司要求其停止继续销售侵权产品的行为，理由正当，法院予以支持。

这就叫作茧自缚，有时候自己以为的小聪明，实际上将自己套牢了。最后，北京市高级人民法院认为北京市第二中级人民法院的原审判决认定事实不清，应予改判；老干妈公司的上诉理由正当，对其上诉请求应予支持；湖南华越公司的上诉理由不能成立，对其上诉请求应予驳回。

依照《中华人民共和国反不正当竞争法》第二条第一款、第五条第一款第（二）项，《中华人民共和国民事诉讼法》第一百五十三条第一款第（三）项之规定，判决如下：

一、撤销北京市第二中级人民法院（1999）二中知初字第132号民事判决；

二、湖南华越食品有限公司停止在风味豆豉产品上使用“老干妈”商品名称；

三、湖南华越食品有限公司停止使用与贵阳南明老干妈风味食品有限责任公司生产的“老干妈”风味豆豉瓶贴相近似的瓶贴；

四、湖南华越食品有限公司赔偿贵阳南明老干妈风味食品有限责任公司经济损失40万元（本判决生效后一个月内给付）；

五、北京燕莎望京购物中心停止销售湖南华越食品有限公司生产的“老干妈”风味豆豉；

六、湖南华越食品有限公司于本判决生效后一个月内，在一家全国发行的报纸上向贵阳南明老干妈风味食品有限责任公司致歉。

当这份判决念完的时候，整个会议室都响起了掌声。这些年因长期维权给陶华碧带来的辛酸、愤怒以及胜利后的激动和对大家努力的感谢，都涌上了她的心头。

第八章

口碑经济：打造核心竞争力

第一节　“老干妈”遇上“老干爹”

“老干妈”的这次商标战大获全胜之后，陶华碧成功注册了“老干妈”商标。和湖南“老干妈”的这次决战，被北京市高级人民法院评为当年“知识产权十大经典案例”，一方面让大家看到了陶华碧维护“老干妈”这个品牌的决心，另一方面也看到了仿冒“老干妈”产品的结果。更重要的是，老干妈公司打假有了法律上的保护，无后顾之忧。

但问题又来了，老干妈公司品牌起来之后，更多人都来蹭这个热闹。各种“干”的产品都来了，如“老干爹”“老干娘”“老太婆”“干儿子”等，还有“四川干妈”“云南干妈”“川南干妈”等以地域为特点的产品。面对这种情况，陶华碧坚持一年四季都打假。因为这些产品仿冒了不说，不少产品的质量过不了关，不仅损害了“老干妈”的名声，有的还会危害消费者的身体健康。

湖南“老干妈”的官司刚了结，贵阳又出了个辣椒品牌“老干爹”。这个品牌在包装、市场上模仿“老干妈”的产品惟妙惟肖，甚至在超市摆放的位置都是学“老干妈”的。

太不像话了，侵权仿冒不说，还想占便宜，当时陶华碧也想和这家公司较真到底。

陶华碧立即向贵州省人民政府提交了一份紧急报告，状告他们借“老干妈”的名气打市场。

后来，经过多方斡旋，“老干爹”存活了下来。

一段时间，在超市辣酱的摆位设置上，在“老干妈”旁边的往往就是“老干爹”。这种捆绑式的销售会让人潜意识里误以为，“老干爹”就是“老干妈”旗下的一个产品。但是，这两瓶看似很相像的辣酱，彼此毫不相干。

这种有意和“老干妈”产品放在一起，以制造这种似亲非亲的关系来混淆消费者视听的“营销手段”，其实是一种变相的侵权。这样的做法在市场上是站不稳脚跟的，生意也很难做长久。

时间证明，“老干妈”已经做成了民族品牌，而其他那些品牌在国内仍然是鲜为人知，反倒是背负了“山寨”品牌的骂名。

“老干爹”一出来时，陶华碧还很担心。后来一想也无所谓了，大家选择“老干妈”不仅仅是因为这个牌子名气大，更多是因为“老干妈”对品质的坚持和对消费者的守信。

做生意就是这样，第一个吃螃蟹的人是英雄，第二个吃螃蟹的人是狗熊。这就是很多搞营销的人所说的，品牌上的“先入为主”。大家认可“老干妈”后，不管是“老干爹”还是“干儿子”都很难超过，因为消费者评判油辣椒制品的好坏就是以“老干妈”为标准，仿冒、傍品牌的公司，即便付出几倍甚至几十倍的代价，也很难撼动“老干妈”的地位。

陶华碧是靠品质加诚信打天下，注重大众口味的普适性，从不偷工减料、以次充好。用料、配料、工艺拿捏添加了许多讲究，形成了产品的核心竞争力。从最初的风味豆豉辣酱，到现在的数十个品种，每一个品种都凝聚了她的心血。不是她认可的，绝不会让他们打“老干妈”这个牌子。一些品牌堂而皇之地傍“老干妈”之名，妄图借着“老干妈”的品牌一下子拔高自己的品牌档次，然后能与“老干妈”平起平坐。殊不知“老干妈”品牌的背后，是扎实的品牌质量和诚信经营。就像修建房屋，他们连根基都没有，这种房子即便有了房子样，也是“空中楼阁”，风一吹就倒。

第二节　海底捞给“老干妈”的致歉信

在打假方面，陶华碧要求公司每年加大投入。对于经销商打假，将给予重金奖励。

各地的销售市场是由经销商打理的，他们打假还能获得公司重奖。久而久之，假货也成了经销商们的肉中刺、眼中钉。

有一次，老干妈公司一位陕西经销商和朋友去海底捞吃火锅，在店里吃了店家提供的“老干妈”调料，感觉味道不对，就找来店家讨个说法。店家一再坚持他们使用的就是“老干妈”的豆豉酱，并且告诉他，他们用的“老干妈”是袋装的。

这位经销商对“老干妈”的产品是非常熟悉的，一听是袋装的，更加坚信这不是“老干妈”产品，因为“老干妈”从来没有生产过袋装产品。把别的产品说成是“老干妈”的，对“老干妈”产品也是一种伤害。经销商就打电话给陕西广播电视台的《都市快报》栏目，栏目组通过调查取证，对这家火锅店进行了曝光。事后这家火锅店解释，是他们贴错了牌子，之后立即将“老干妈”的牌子换下来，打上“风味豆豉”四个字。

老干妈公司接到这位经销商的反映后，立即给他快递授权书，委托他全权处理此事。后来，海底捞通过网络发布了《关于豆豉小料标明“老干妈”侵权一事的致歉信》，信中写道：“‘老干妈’品牌区域代理商就我公司西安个别门店对非‘老干妈’生产的豆豉小料标注‘老干妈’品牌一事提出了批评，并经媒体进行了报道。事件发生后，我们立即对全公司进行了排查，发现确实存在部分门店将另一具有合格资质厂家生产的风味豆豉以人们习惯和喜爱的‘老干妈’品牌名进行标注。”

他们对自己的侵权行为并不避讳，信中还说：“我们深刻认识到此事暴露了我们商标权利意识淡薄、管理水平低下、管理水平不规范的问题，伤害了大众喜爱同样我们也十分尊重的公司和品牌的利益。”

海底捞向老干妈公司及广大消费者诚恳致歉，并承诺将积极承担一切责任，包括法律责任。

通常情况下，很多产品怕打假，他们认为打假后，消费者会认为这种品牌有假货，影响销量。陶华碧不怕，“老干妈”每年都有专项打假资金，发现假货马上就打，零容忍。她对假货这东西深恶痛绝，一是从内心恨这东西，二是市场需要，必须坚决打击。

面对造假的人，陶华碧绝不妥协，要像打仗一样打败他们。

这么多年来，“老干妈”对于打假已经很有经验。首先是发表严正声明，发布公告，告诉大家，“老干妈”从未委托其他企业生产过这种产品，也未与任何企业进行任何方式的合作，让大家知道哪样是假货。然后就是成立专项打假小组，把那些造假者一个个打倒。

打假时，“老干妈”都会联合相关政府部门，单靠企业的力量是不够的，贵阳市和南明区的工商部门也会帮助他们打假，往往全国各地发现一个打一个。

第三节　开创了一个行业

与湖南“老干妈”的品牌之战，让陶华碧这个正宗“老干妈”知名度更高。

很多媒体开始关注陶华碧的故事。那时候，陶华碧不像现在，接受媒体采访也比较多。在2006年，陶华碧接受了《当代贵州》期刊记者肖露的采访。那是陶华碧成为传奇之后，为数不多的由她口述、记者整理的内容，文章标题叫作《陶华碧：三个第一，四个心愿》。

陶华碧口述的背景是2006年贵州制订并实施《贵州省人民政府关于贯彻国务院鼓励支持和引导个体私营等非公有制经济发展的若干意见的意见》。该《意见》共42条，平等、一视同仁是其中的关键词。贵州非公有制经济发展获得更大政策支撑。也就是在同年，“老干妈”油制辣椒获得“中国名牌产品”称号。

“很多年前，就有个记者给我说：老干妈你卖的不仅仅是辣椒，而是在中国‘创出了一个行业’。我当时不懂，现在我佩服这些媒体朋友的眼光了。9月，有一个大喜讯传来，‘老干妈’被评为中国名牌产品，这在全国辣椒制品行业是第一家，在贵州食品行业是第一家，在贵州非公企业是第一家。一年拿了三个第一，我很高兴。今年以我们的生产运营为标准的《油辣椒国家标准》已经在全国发布实施。”在文章中，陶华碧讲述了“老干妈”的喜事。

“老干妈”被评为全国农产品加工业示范企业

陶华碧回忆：“2006年是我创立老干妈公司的第十年。二十多年前，我在龙洞堡摆凉粉摊的时候，老顾客夸我的辣椒好吃水豆豉香，都开玩笑说让我干脆办家专门的辣椒公司算了。一想起这些陈年旧事，感慨就特别的多。现在，我不用操心公司的年终总结，但我想为‘老干妈’这第一个十年许几个心愿。”

那么，陶华碧的心愿是什么——愿职工负担少一点、愿公司人才多一点、愿侵权现象少一点、愿好企业多一点。

陶华碧目不识丁，但她这“四个心愿”也是广大企业的心愿。

“我们公司的娃娃叫我陶阿姨或者老妈、老干妈，和我很亲热，很少有人叫我董事长。每天，我习惯到厂房车间去挨个检查一遍，一天不闻到辣椒味我就浑身不自在。空闲时，我就和大家摆龙门阵。公司的基层职工大多数来自贵州农村，还有湖南、四川的，远离父母的这些娃儿有什么烦恼、喜悦和困难都爱和我摆。我一贯是一把尺子量到底，只要为公司干活效力的正式职工，统一为他们办理‘三保’，我毫不含糊吝啬，时间一长他们就像我自家娃儿一样，表现好我夸，表现差我就骂。我相信我用心对他们，他们也能用情回报我。”陶华碧说。

关于人才，陶华碧说自己是个光明磊落之人，也讲了“老干妈”的用人标准：先做好人，再谋好事。

陶华碧说：“外界很多人都传，‘老干妈公司有一帮很能干的年轻人’，我听到这些感到很欣慰。我没什么文化，但在选用人才上，我有一句话叫‘先做好人，再谋好事’，连公司那些大学生听了都点头称是。我觉得能力高低也许会影响到公司一段时间的决策水平，但人品有缺陷就会带来长时间的负面效果。好多优秀的大学毕业生都表示肯来‘老干妈’这里谋职创业，那是认我‘老干妈’这个牌子，我又怎么辜负得起这些信任呢？但我不用名头大而不实诚的人，我宁愿找个肯学实干的来我们慢慢培养。我老干妈是个磊落的人，所以也帮助磊落的人干事。”

此外，陶华碧还讲到了侵权，她说树大就要招风，自己千辛万苦经营好的品牌和名声，如今被各种名目的公司攀上“亲戚”，千方百计地搭上“老干妈”这艘船。2006年，国家质检总局派专人来教老干妈公司打假。于是，老干妈公司就专门组织一批业务熟手到全国各地去，打击和“老干妈”包装特别相像的“老干爸”“老干娘”“干儿子”等油辣椒产品。

“熟悉我的人都晓得，我脾气急，但是很直率也很踏实。不管是当年摆摊卖粉还是办成今天这种规模的企业，从来都老老实实，不掺假不偷税漏税，所以我尤其痛恨踩在别人肩膀想走捷径的那些人。”谈及侵权，陶华碧如是说。

陶华碧心里是巴不得贵州多几家效益好的企业。她透露，前几年，公司刚结束侵权官司逐步走上正轨时，就有湖北某市的领导一年内来龙洞堡找陶华碧五六次，目的是鼓动“老干妈”迁址到湖北去，还说铁路将会直接通到公司厂房基地，并为他们提供一切优厚政策和税金条件。

陶华碧说，自己能感觉到这些领导们有相当的诚意，可“老干妈”是从南明区、贵阳市、贵州省起家办厂的，她不希望桃子树栽起了，摘桃子的却是些外人。所以，她婉拒了湖北方面的好意。有人说陶华碧憨，但她觉得自己非常清醒。

2006年，老干妈公司又开发了一些新产品，如香辣菜和糟辣椒。这使得他们对原材料的需求量越来越大，品质要求也越来越高。民间有句俗话叫“看天赏饭吃”，“老干妈”大量购进的黄豆、菜籽油、干辣椒等原材料除了靠天吃饭以外，还要靠收货、采购的人把好最基础的这一关。原材料但凡有一点闪失，“老干妈”味道变了，牌子就砸了。

“袁周同志（时任贵阳市市长）有天来看我，说看到一档台湾旅游节目介绍日本，一个定格几秒钟的镜头里面，有‘老干妈辣椒专柜’几个大字，他说他特别的激动。一来，我感谢领导们对‘老干妈’企业倾注的感情；二来，我觉得‘老干妈’的责任和担子更重了。”陶华碧说。

2006年的这次口述，陶华碧对大家表达了感谢，她说：“这一年就要过去了，我想起所有在‘老干妈’最艰难的时候帮我们渡过难关的政府领导和媒体朋友，他们没收到任何一分钱回报，无私地出手帮我们，我永远都记这个情。”

这是陶华碧在公开媒体第一次以口述的方式讲自己的故事，是第一次，也是唯一的一次。

第四节　用诚信重新定义市场

对于那些想傍上“老干妈”品牌的产品，陶华碧时刻都保持决战状态。

这些年来，国家对民营企业的扶持力度很大，知识产权也更加规范有序。他们的打假得到了各地工商部门的大力支持，一是体现了国家政策对合理合法经营企业的重视，二是对知识产权的保护力度加强了，市场越来越规范。

2013年9月初，老干妈公司收到线索说，四川省眉山市的三家生产豆豉辣椒的企业，瓶贴上所用的商标几乎和老干妈公司生产的风味豆豉辣椒瓶的商标相同。老干妈公司打假人员立即向贵阳市南明区工商局举报。南明区工商局接到举报后，立即组织执法人员到四川省眉山市对三家公司的产品进行认真比对分析，在掌握充分证据后，最终确认了他们的侵权行为。

南明区工商局组成了专案组到四川省眉山市去打假，在当地工商部门的配合下，到第一家收缴了“家香老干妈”标识1.7万多张，成品70多件，每件有24瓶，接着又奔赴第二家、第三家。这次打假一共收缴了侵犯“老干妈”品牌商标专用标识10多万张，成品1000多件，为老干妈公司挽回了直接经济损失上千万元。

2016年，老干妈公司发现贵州本土的公司——贵州某红食品公司涉嫌侵犯“老干妈”商标权，立即就向法院提起诉讼。

陶华碧给公司的人说，这种事情没有任何商量的余地，凡是侵权的，一定要将他们打败。

老干妈公司及贵州某红食品公司都拥有国家驰名商标，陶华碧也没有搞明白，他们为什么会来侵权。

老干妈公司为“老干妈”商标的权利人，这个商标于2003年5月21日被核准注册，核定使用商品为第三十类，包括豆豉、辣椒酱（调味）、炸辣椒油等商品。

“老干妈”商标曾在2011年、2014年、2015年、2016年多次被国家商标局等部门认定为驰名商标。

贵州某红食品公司则拥有“牛头牌及图”系列注册商标，核定使用商品为第二十九类牛肉食品。“牛头牌及图”商标曾在2010年被国家商标局认定为驰名商标。

2016年2月，老干妈公司市场营销部门发现北京家乐福公司慈云寺店销售标有“牛头牌老干妈牛肉棒”的商品。涉案商品包装的正面上部标有贵州某红食品公司所拥有的“牛头牌及图”商标，中部印有“老干妈”字样。

老干妈公司认为贵州某红食品公司和北京家乐福公司侵犯其驰名商标专用权，就在北京知识产权法院起诉贵州某红食品公司，请求法院判令贵州某红食品公司、北京家乐福公司立即停止侵权行为，两家公司赔偿老干妈公司经济损失800万元，以及案件诉讼合理开支12.45万元。

在法庭上，贵州某红食品公司辩称，他们的涉案商品包装使用“老干妈”字样是为了披露商品已真实添加“老干妈”豆豉油的合理指示，主观上没有攀附意图，客观上不会淡化“老干妈”商标的显著性和识别性，故未淡化驰名商标。

此外，他们还认为其与老干妈公司分属于不同的行业，不会挤压老干妈公司的原有消费市场，涉案行为也不属于识别性商标使用行为，不会导致消费者对商品来源产生混淆。

北京知识产权法院一审审理认为，被告公司将“老干妈”字样标注在涉案商品包装上的行为，造成的后果是消费者会误认为涉案商品上的“老干妈”字样所指向的是其与老干妈公司之间存在特定的联系。该行为客观上已起到了识别商品来源的功能，系商标使用行为，不属于合理使用的范畴。

最终，北京知识产权法院判决贵州某红食品公司立即停止在其生产、销售的牛肉棒商品上使用“老干妈”字样，北京家乐福公司停止销售上述印有“老干妈”字样的牛肉棒。

但对于老干妈公司提出的800万元经济损失赔偿要求，法院没有支持。北京知识产权法院认为，双方均未提出充分证据证明因涉案侵权行为受到的实际损失或获得的利益，注册商标许可使用费也难以确定。因此，综合考虑贵州某红食品公司的主观过错程度，经营情况，侵权行为的性质、范围、后果，驰名商标的声誉等因素，法院酌情判定贵州某红食品公司赔偿老干妈公司的经济损失额为15万元，对老干妈公司所主张的其余部分，不予支持。

一审判决后，双方均不服，向北京市高级人民法院提出上诉。

2016年5月16日，北京市高级人民法院作出终审判决，对于贵州某红食品公司侵犯老干妈公司商标行为认可，但仍没有支持老干妈公司经济损失赔偿的请求，并且重新核定老干妈公司诉讼合理支出费用，变更一审判赔额为17.5万元，驳回双方其他上诉请求。

此外，老干妈公司还以侵犯商标为由，向被告公司索赔300万元的经济损失及合理支出。

2017年4月，终审判决维持了一审判决，即被告向老干妈公司赔偿42.65万元的经济损失及合理支出。

这等于说，老干妈公司这次商标侵权向被告公司索赔金额共计1100万元，最终获赔了60.15万元。

陶华碧在全国两会上的议题就是“打假”，她认为打假关系到整个国家的经济秩序。

有些媒体对她的议题进行了报道，其中一家专门写了《打假零容忍，当学“老干妈”》的评论。

大家认为，只要政府、企业、消费者从上到下做到齐心协力、三位一体，造假者就难以在有限的空间内生存。就政府而言，完善法律法规，落实打假责任，使打假者有法可依、有理可讲，是当务之急。企业则应纠正过去有假不敢打、打了也不敢说的心理，虽然看起来打假费时费力又费钱，但从长远来说，打假是企业长远发展的必由之路。而对于消费者来说，不买假货，举报假货，就是最简单的支持，也是最实质的帮助。

第九章

精细管理：企业无小事，细节定成败

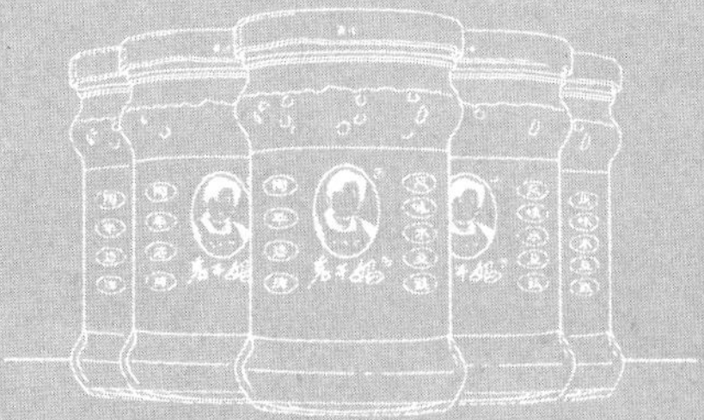

第一节　老干妈的土味管理学

企业越做越大，从以前的几十人到后来的五六千人。俗话说，林子大了什么鸟都有。人一多，各种各样的人也就出现了。

很多人会问，这么大的企业怎么管？国际理念？先进的管理办法？这些陶华碧都不会。

她会的就是像师父带徒弟一样，带领工人们一起做事。她说："在我们贵州，十分尊重匠人。"

修木房子时，一定要隆重祭祀祖师鲁班；铁匠开工时，要祭祀祖师太上老君。

举头三尺有神明，无论是炒辣椒还是制作风味豆豉都要对这门技艺保持必要的敬畏。上天给了他们这门手艺，就要对得起这门手艺，不能偷工减料，做些对不起良心的事，给这门手艺抹黑。这就是陶华碧的匠心。

她在教工人们炒辣椒的时候，就像带徒弟一样耐心教他们；在生活上，也是把他们当成自家人。

她给他们工作的规定主要就是“不偷懒”。这个“不偷懒”，一是要保证工作的数量，二是要保证工作的质量。光有数量没有质量是偷懒，光有质量没有数量也是偷懒。所以，产品的数量和质量之间需要一个标准来衡量。这个标准就是老干妈公司多年形成的经验，大家参照执行。

陶华碧熟悉公司里的大多数员工，百分之六七十的人她都能叫出名字。很多人认为是她记忆力惊人，其实是她在用心和每个人打交道，记住了他们的特点。在公司，上到公司管理人员，下到工人和门卫，她都认识。老干妈公司包吃包住，但是也有严格要求。以前，刚开始跟陶华碧一起创业的有些老员工不讲究卫生，陶华碧就经常提醒他们。

有些人认为陶华碧太苛刻了，陶华碧告诉他们：“你们做的是食品，如果连个人卫生都做不好，做出来的食品如何让人放心？”

有一年，老干妈公司招了一批大中专院校的学生。他们刚来没多久，陶华碧去食堂，一到门口，就看到大量的剩饭剩菜。她一着急，就把管食堂的喊来，问这是怎么回事。他们赶紧解释：一是负责收剩饭剩菜喂猪的那人家里有事，这两天没来；二是这些新员工还不懂规矩，经常剩下大碗大碗的饭菜。

陶华碧这辈子最恨的就是每顿剩下大量饭菜的人，这些人不能理解他们那一代经历过大饥荒的人。陶华碧到食堂里仔细观察，果然有些新员工，一个馒头吃两口就丢，一碗饭吃两口就倒。陶华碧整个人又气又急：你们这些还是大中专院校培养的学生，都不知道珍惜粮食，以后怎么成为国家栋梁？

于是，她上前去呵斥了几个正在倒饭的新员工，给他们讲粮食的重要性，讲当年很多人就是因为没有粮食吃而被活活饿死。这些小娃儿，一点都不懂事。

新员工们听后，赶紧道歉："老干妈，我们知道错了，浪费粮食确实不对。以后我们都爱惜粮食，饭菜能吃多少打多少。"

陶华碧给他们说，不是舍不得给你们吃，你们是长身体的时候，吃多点都没事，但是不能浪费，吃了不可惜，丢了就可惜了。

到了冬天，大家一进食堂，就必须喝一碗姜汤。

有一次，一名新员工染了风寒，陶华碧煮了面给他吃。他起不来床，陶华碧就让其他人把他扶起来，一口一口地喂。

很多人后来笑话这位新员工，你看身家几十亿的老干妈给你喂饭。就这样，陶华碧像对家人一样，让这些新来的员工慢慢融入老干妈公司，习惯了这里的生活。很多员工经过这样的调教，改变了身上的一些陋习。与此同时，陶华碧和他们也就互相熟悉了。

陶华碧与这些员工的关系也不是大家想象中的那种老板和工人的关系，她是真心为了他们好。以前，有员工要出差去外地，陶华碧就煮了鸡蛋，送他们去火车站坐车。很多人开玩笑说："老干妈，你这是送儿子出门？"陶华碧笑着说："差不多吧！"

陶华碧让人专门记住大家的生日，每到员工的生日，就买一份礼物送他们，然后安排食堂给他们煮一碗长寿面，里面加一个荷包蛋。不奢侈不浪费，像家一样温馨，这是陶华碧提倡的生活方式。有员工结婚，陶华碧也会安排人帮忙，就像在老家办酒一样，有人帮忙整理家里，有人帮忙办酒。无论多忙，她都尽量抽时间去参加，给他们封个红包，有时候还要当他们的证婚人。所以，好多工人都是喊陶华碧“干妈”。老干妈公司有员工五六千人，都是包吃包住，所以建了一个很大的食堂。

关于老干妈公司的食堂，大家传得最多的是这样一个故事：

食堂里有一个厨师，是农村的，父母过世得早，有两个弟弟要他抚养。这家伙不知道什么时候养成了喝酒的习惯，大多数时候都是醉醺醺的。陶华碧认为他这样下去不行，年纪轻轻的，照这样喝下去肯定要废了。于是，她就让人做了一桌菜，买了瓶好酒，把他请来一起吃饭。饭桌上，陶华碧给他说：“孩子，今天你可以吃好喝好，想喝多少喝多少，但从明天起，你要开始戒酒了。你两个弟弟还小，你天天喝酒，自己倒是晕乎乎的，但他们要读书啊，不能像我一样，扁担大的‘一’字都不认识。”

这个厨师眼泪汪汪的，当时就表态：“干妈，我爸妈过世得早，拖着两个弟弟，我心理压力也大。也没人来教育我，这回我听你的，明天就戒酒，连烟都戒了，存点钱给我两个弟弟上学。”

为了帮他戒烟戒酒，陶华碧和他说：“从明天起，每个月只给你200元的零花钱，剩下的我帮你存起。你弟弟读书要用钱，就来我这里支取。”后来，这个厨师不再借酒消愁，生活积极向上，干起工作来也努力多了。他的两个弟弟都考上了大学，毕业后还找了不错的工作。两个弟弟来看这位厨师时，他就让他们先去看陶华碧，还说：“要不是老干妈当年的帮助，哥可能早就成了个酒鬼，也就没钱供你们上大学，你们也就不会有今天。”

仔细回想，这些都是陶华碧管理上用的一些“土办法”，很多管理学课程都不会这样教学生。有时候，一些管理层也会来劝陶华碧别管这些闲事，以免给公司增加风险。可这哪里是闲事呢？

陶华碧说，对一些新员工，自己就是教他们好好做人，让他们懂得珍惜粮食、勤俭持家。

第二节　好公司绝不养“蛀虫”

陶华碧做事凭的就是对得起良心，只要是为了大家好，就去做。但有时候，陶华碧用心对他们，极少数人却认为可以好好“吃”一下“老干妈”这个大企业。

所以说人心叵测，老干妈公司一些重要位置的员工，打起了公司的主意。对于这种人，陶华碧态度非常坚决，要让他们受到应有的惩罚。在古代，出现内鬼的话可以“清理门户”，但现在是法治社会，不能打他也不能杀他，能拿他怎么办？

对于这种人，陶华碧懂得用法律武器来收拾他们。

和陶华碧打交道，她基本上对别人是信任的；但一旦有人把信任当成了牟利的工具，她的信任就结束了。

以前有些给老干妈公司供应辣椒的人，陶华碧信任他们，都不用过磅，他们称过后，说是多少就是多少。

时间长了，这些辣椒供应商就开始偷奸耍滑了，心想这个陶华碧“憨”得很，开始缺斤少两，每袋80斤的辣椒只装70斤甚至60斤。

陶华碧检查原料的时候，就感觉不对。

他们不知道，陶华碧是从卖菜起家的，对重量非常敏感，基本上她提过的东西，就能估计出重量来，出入只会有几两。陶华碧就让辣椒供应商过来，当面请他称量，让他给个解释。这家伙当然无法解释。那对不起，从此老干妈公司不再用他的辣椒。

陶华碧是遵义人，总有一些亲友在遵义，他们也种辣椒，就给老干妈公司运来，公司也收了。原本这些零散的辣椒供应不在采购清单上，但是有时为了照顾熟人亲戚，人情磨不开，还得收，价格上也不含糊。

有一次，有个亲戚拉了一车辣椒过来，厂里像往常一样收了。可是没多久，质检部门负责人就来报告，辣椒里面有些小石子。陶华碧一听，整个人都火了。现场去看了，确实是有小石子。

陶华碧对其他辣椒供应商的要求是把辣椒把都剪了的，可是这些辣椒里面居然有小石子。如果质检部门没有发现，它们进入了一罐罐油辣椒制品里面怎么办？这不是要砸“老干妈”的招牌吗？

陶华碧越想越火，当着大家的面向这个亲戚发火，说以后再也不会收她的辣椒了，让她赶紧把这车辣椒拉走。这个亲戚有些年纪，受不了这样的委屈，当场就哭了，说她不讲人情，有钱了不认人了。但仔细想，还真不是陶华碧不讲情面。

老干妈公司制定管理办法时，陶华碧说不要去抄外面那些企业的条条框框，就是制定“干活不能偷懒”“做人要踏实，不能偷东西”等这样的规定。制定后，全公司上下都必须严格遵守执行。

公司发展壮大起来后，陶华碧把工作重心放在了生产质量那一块。有些人一看，陶华碧在收辣椒这块顾不来了，想赶紧吃一嘴。

一些辣椒供应商竟然勾结老干妈公司的过磅员，通过过磅时缺斤少两，把老干妈公司的钱“挣”了去大家分。

打个比方，辣椒供应商拉来的辣椒只有2000斤，过磅员把它称出了3000斤，他们就把多出来的1000斤的钱私下分了。

2011年，陶华碧就感觉到辣椒供应有点不对，于是让保卫科盯着，发现问题就赶紧给她报告。2011年11月的一天，保卫科报告，感觉有问题的辣椒供应商又来了。过磅员过完磅后，准备按照正常程序入库。

核查人员立即把车拦下来复磅，复磅发现，这车辣椒少了几千斤。

保卫科将这几个人拦下，赶紧报警。辣椒供应商和过磅人员共3个人，人赃俱获。

经过民警审理发现，这些人从2011年4月1日就开始这样做，过磅时候严格，再把货车的重量算轻，这样车上的辣椒就重多了。当天，他们送辣椒的货车的实际车重为15260公斤，但只按照11810公斤计算，中间这个重量差3450公斤就被算作辣椒重量，扣除按正常入库应扣除的部分外，虚报部分达3433.1公斤。

老干妈公司当时给辣椒供应商的合同价是每公斤17.2元，单是这车他们就吃了公司59049元。这样的做法，再大的公司都要被他们吃垮。从2011年4月到10月，他们用这样的手法，作案36次，共同吃了公司170多万元。

作为过磅员，公司要付他们工资；作为供应商，老干妈公司让他们赚差价。但是，他们还是内外勾结，妄图不劳而获，这样做也必将受到惩罚。

老干妈公司报警后，警方将相关人员刑事拘留。经法院审判，被告人付某、胡某、龙某将老干妈公司的财物170多万元非法占为己有，数额巨大，他们的行为均已构成职务侵占罪。

这3人属于共同犯罪，不分主从，依照我国刑法之规定，以职务侵占罪一审分别判处被告人付某、胡某、龙某有期徒刑10年，剥夺政治权利1年，并处没收财产2万元，赃款继续追缴。

老干妈公司就是要让法律来惩罚他们，让那些蠢蠢欲动的人知道老干妈公司的钱有“高压线”保护，摆在那里，你即便想拿，也要合理合法，不然随便去拿会烫到手。

在公司，很多人也知道有“红线”不能碰，碰了要吃亏。陶华碧就是用这些办法来管理公司，既把员工当亲人一样，又用规定和法律来管理和约束他们。工作上的规定，必须严格执行；但是工作之外，她就是大家的老干妈。

后来，闹得沸沸扬扬的老干妈公司配方泄密事件，那也是老干妈公司的“红线”。

这么多年来，想用各种法子来侵占“老干妈”的，想占其便宜的人，最后都被“老干妈”一一用法律武器打败了。

无论是外面侵权假冒的企业，还是几个靠过磅缺斤少两不劳而获的人，都受到了法律的制裁。

“老干妈”每一个系列的产品都有一套很好的配方。配方对于食品企业来说，非常重要，是商业机密。

很多人假冒“老干妈”的产品，最后都被消费者抛弃，其中一个核心原因就是他们做的味道不如“老干妈”的，他们没有“老干妈”的独家配方。

做“老干妈”这么多年，陶华碧和正当竞争的、不正当竞争的，省内的、省外的各种各样的竞争对手都打过交道。在这些竞争中，她积累了一笔巨大的财富——很强的市场监控能力。

“老干妈”各地的经销商都像猫一样，能够嗅到各种“老鼠”的味道。当然，他们每年投入的打假经费在这种市场监控中起到了很大的作用。什么地方出现假冒产品，“老干妈”几乎能够第一时间得到反馈。

很多人将“老干妈”的打假称为“刮骨式”打假。发现假货，“老干妈”都是冷静、果断打击，没有丝毫含糊，不怕消费者知道原来“老干妈”也有仿冒产品。因为凡是假货必打，从某种程度上来说，更加坚定了消费者的信心。

“老干妈”的很多配方都是机密，多年的研发，成就了“老干妈”今天的配方，自然需要高度保密。有些人甚至戏称，“老干妈”的绝密配方是她称霸油辣椒江湖的“武功秘籍”。

第三节　打泄密“内鬼”，守企业初心

日防夜防，家贼难防。

前段时间，老干妈公司的一位管理人员来告诉陶华碧和公司高管：老干妈公司的配方好像被泄密了。

公司高管一听，赶紧问：什么叫好像？

如果粗心大意点，可能认为这无所谓，就让这样的产品大行其道了。但是他们没有，火速找来认为用了“老干妈”配方的产品，当天就进行了比对。

经过专业比对，目标产品确实与老干妈公司的风味豆豉极为相像。如果不知道老干妈公司的配方，是做不出这种味道的。这种味道是老干妈公司经过反复试验才得到的，其他人碰巧也做出了这种味道，显然不可能。

假冒伪劣产品不仅损害消费者权益，也会让公司蒙受巨大损失。

那么，究竟是谁泄的密呢？能够找到这个配方的人并不多，公司通过排查，找出了可疑的人。有人给陶华碧说：“老干妈，这样的内鬼，你可要清理出门户啊！”清理门户，说来轻巧，怎么清理？还必须得依靠国家法律法规。

好在老干妈公司处理类似的事情已经轻车熟路，该收集证据的收集证据，该报案的报案。

老干妈公司是与我国社会主义市场经济发展同频共振，并随着社会主义市场经济发展的成熟而壮大。市场经济在经历初期迷茫到有序发展后，各项法律法规和经济政策已经逐步健全了。因此，法律就是老干妈公司最有力的武器。

陶华碧在很多场合说过，她在创业过程中，得到了各级党委、政府及有关部门的关心支持。在老干妈公司遭遇侵权的时候，国家已经逐步建立了一个公平公正的市场环境。

尤其是在党的十八大召开后，整个市场环境更加有序。陶华碧曾说，没有党和政府做后盾，就没有她的今天。所以，当她遇到困难时，总是想到法律，想到向有关部门求助。陶华碧还说，一个民营企业，专心做好市场的事情，至于打假维权，还得寻求各级政府部门的帮助。

所以，老干妈公司这次一发现配方可能被泄密，立即就向贵阳市公安局南明分局报警。光靠公司是无法完成取证的，即便完成，能否成为有效证据还是未知数，这得依靠公安机关侦查。

经过贵阳市公安局南明分局经侦大队办案民警调查，发现确实有人非法泄露了老干妈公司的配方。

侦查人员从市场上购买了疑似窃取“老干妈”配方的另一品牌同类产品，将其送往司法鉴定中心，鉴定结果为：该产品含有老干妈公司的同类产品制造技术中不为公众所知悉的技术信息。

由于涉嫌窃取技术的这家企业从未涉足该领域，没有这种研发能力，民警问老干妈公司是否转让了该技术。老干妈公司答复民警，从未向任何一家企业或个人转让该类产品的制造技术。

就这样，民警断定，有人非法泄露并使用了老干妈公司的配方。为了尽快侦破案件，保护消费者权益和老干妈公司的合法利益，民警通过大量分析调查，最终锁定了老干妈公司离职人员老贾，分析认为此人有重大作案嫌疑。

这个老贾，人看起来老实憨厚，也有点机灵，在老干妈公司从2003年干到了2015年。刚进公司时，他就是公司的质量部技术员。

后来，这家伙进步非常快，业务能力也强。按照公司的有关规定，他担任了工程师，工资也从原来的几千元涨到了上万元。

培养一个工程师并不容易，老贾当了工程师后，老干妈公司很看好他，把公司的专有技术、生产工艺等核心秘密信息都交给了他，包括“老干妈”风味豆豉的生产工艺和原料配比等。作为公司的工程师，他必须知道这些东西才能指导生产。

当然，老干妈公司也和他签订了保密协议。遇到的各种纠纷多了，老干妈公司已经规范化。所以，作为工程师的老贾，按照公司规定，必须和公司签订“竞业限制与保密协议”，才能在老干妈公司的重要岗位任职。

这份协议约定老贾在工作期间及离职后需保守公司的商业秘密，且不能从事业务类似及存在直接竞争关系的经营活动。

后来，因老贾违反了公司相关规定，公司扣罚了他半年工资。

公司规定制定了，就必须执行；碰了公司的管理“红线”，就必须受到相应的惩罚。

没有规矩不成方圆，如果违反了规定不受到惩罚，那么谁还会去遵守公司的管理规定？所以，他即便是工程师，是公司的重要人才，违反了规定也一样受罚。这是老干妈公司这么多年来形成的企业文化之一。

原本月薪近万元，薪水突然间下降到两三千元，老贾心里就不舒服了，便向公司提出了辞职。到了这一步，公司也就批准了他的辞职申请。

老贾从老干妈公司离职后，经朋友介绍到花溪一家食品加工厂应聘。他不敢用真名，就用了个假名去“毛遂自荐”，说自己能改良水豆豉的生产工艺，在控制成本的同时，还能提升水豆豉的口感。

就这样，他用假名作掩护，在这家食品厂工作了一年多。他在这家食品厂对“老干妈”的配方进行了3次改良实验并取得成功，生产的水豆豉不仅口感和“老干妈”的水豆豉相似，生产成本每瓶还便宜2元左右。

2017年春节期间，南明区警方在贵阳市内将老贾抓获了，依法搜查、扣押了他随身携带的移动硬盘，在他使用的台式电脑中发现了很多涉及老干妈公司商业秘密的资料。

老贾交代，他被聘到花溪这家食品厂的3个月里，该公司就生产了

1000多件水豆豉，在贵阳市各大小超市销售。这家公司为了重用贾某，付给他月薪7000元。

民警随即突击检查老贾所在的食品厂，发现他提交的水豆豉配方等资料，正好是老干妈公司的机密配方。

这家食品厂的负责人说，得知老贾来公司之前曾在陶华碧手下工作过，担心其提供的专业技术与“老干妈”有关，就将贾某开除了，除了已销售的1000多件水豆豉，其余均已销毁。因此，警方没有查出经过改良生产的水豆豉。

这家私营食品厂规模不大，只有不到10名员工。

南明分局经侦民警计算下来，这次涉及“老干妈”的重大泄密案件，经过专业的审计核算，涉案金额达到了上千万元。

为什么达到上千万元呢？一方面，因配方泄露致使相似产品的上市，将“老干妈”同款产品销量和去年同期的销量对比，这一块损失就是近千万元；另一方面，老贾在花溪这家食品厂使用手工方式生产窃密改良的水豆豉，冲击了同类产品市场，使老干妈公司专用生产设备在此期间的生产效能受遏制，这一块也损失了上百万元。

就这样，老贾因涉嫌侵犯商业秘密罪，被警方刑事拘留。他企图用假名窃取“老干妈”的配方牟利，但最终难逃法律的制裁。

根据《中华人民共和国刑法》第二百一十九条，有违反约定或者违反权利人有关保守商业秘密的要求，披露、使用或者允许他人使用其所掌握的商业秘密的行为，给商业秘密的权利人造成特别严重后果的，处三年以上七年以下有期徒刑，并处罚金。因此，这个老贾会得到应有的惩罚。

从这件事可以看出，陶华碧做人做事，有菩萨心肠，也有霹雳手段。

陶华碧对员工是用情义来交心的，让员工感觉公司有家一般的温暖。这是公司发展积累下来的经验，也是陶华碧教孩子们经营公司的经验。大多数员工都是很好的，但别有用心之人也存在。陶华碧给两个儿子说，要在制度上加强管理，在用人流程上也要规范。如果不是老干妈公司管理流程规范化，那么即使出现内鬼也拿他没办法。

把保密协议签订在前，假如员工出卖了老干妈公司，就会受到法律的制裁。

出现内鬼并不可怕，可怕的是出了内鬼你拿他没办法。老干妈公司的内鬼都没有好下场，过磅的“辣椒虫”，泄密的老贾，他们钱刚到手，就被捉了。

俗话说，出来混总是要还的。做人如果不脚踏实地，总有一天会自食其果的。不管是做人还是做事，倘若心术不正任性妄为，到时后悔都晚了，正所谓“身后有余忘缩手，眼前无路想回头”。

曾经有人问陶华碧：“老干妈，你这个时候几十亿身家，为什么还要兢兢业业打理公司，甚至亲力亲为打假，过苦兮兮的日子做什么？”

陶华碧答不上来，这个问题曾经让她想了整整一晚。后来，她在职工大会上说了这个道理：“我走了，企业我带不走，‘老干妈’这个牌牌我带不走。这样一想，那我为什么还这样拼，我是为了这几千职工，在帮他们打工，在帮我们国家打工啊！因此，我希望大家为了自己的将来，好好干！”

20多年来，在各级党委、政府以及相关职能部门的帮助下，老干妈公司的产值和上缴税金不断增长。

从1996年成立至今，老干妈公司已发展成为目前国内生产及销售量最大的辣椒制品生产企业。2019年销售收入创历史新高，突破50亿元；2020年再创历史新高，超过54亿元。“老干妈”平均每瓶8元，每天生产230万瓶，一年要用4.5万吨辣椒、10多万吨菜籽油。

如今，老干妈公司在贵州多个县建起了28万亩无公害辣椒基地，直接间接带动800万名农民致富。同时，还帮助贵州省招商，通过不断创新扶贫思路，深度参与到贵州脱贫攻坚工作中，让贫困一去不返，彻底撕下贵州千百年来的绝对贫困标签。

陶华碧给很多人说过，这些年赚的钱，已经够吃几辈子了。所以到了这个时候，老干妈公司要做成民族企业、民族品牌。20多年来，老干妈公司秉承品质至上、踏实苦干、本本分分的经营理念，一步一个脚印逐步做大做强。

老干妈公司的发展口号是：创民族品牌，立千秋大业。老干妈公司只有持续健康地发展，才能更多地支持国家民族各项事业的发展。

第十章

社会担当：纳税是一种荣耀

第一节　心底无私，口无遮拦

大家都知道，陶华碧是个坏脾气，因为她和税务较真的那段话流传得很广，很多地方甚至直接引用她骂的脏话。

陶华碧做生意就是不做亏心事，按照国家政策和法律法规办事，不刻意地去讨好谁。开饭馆的时候，很多人都会来找麻烦，但是她这人做生意，就是踏踏实实的，该交的钱一分都不少，不该交的一分都不能交。

开实惠饭店时，一名城管周末不穿制服就来她的饭馆罚款，说是罚款但连收据都不想打。那陶华碧就要问个明白，你为公还是为私？党和人民赋予你执法权，不是让你乱来，该依法的你还得依法，该有的程序你必须有。她的钱不是抢来的也不是飞来的，是用汗水换来的。他见陶华碧不买账，准备拉她的东西；她就提起锅铲，准备和他干架。

老干妈公司开起来后没多久，有人就怀疑公司偷税漏税。陶华碧说："我们都是主动交税，从来不会去考虑偷税漏税。"税务部门一查，"老干妈"这两年交的税也够多的了，这样一个小公司，每年向国家交2000多万元的税，应该不会有偷税漏税的行为。

1998年夏天的一个晚上，陶华碧像往常一样打开电视看中央电视台《新闻联播》。电视里，正在报道长江抗洪抢险的现场，武警官兵们用血肉之躯和洪水战斗。

陶华碧心想，这些孩子，和自己的儿子也差不多大小，却担负着这样的重任。洪水一次次冲击堤坝，他们扛着沙袋去堵，开车去堵，用身体去堵。

这些武警官兵们，为了广大人民群众的生命财产安全，在最危难的时刻挺身而出。陶华碧当时就想，多交点税，国家就有钱了，大家在战胜灾难时就更加有力了。

后来，税务部门还是上门认真查了老干妈公司的纳税情况，结果是老干妈公司成了纳税的宣传典型。

有人说，老干妈憨得很，有些税可以不交，或者拖着赖着，税务部门也没办法。陶华碧不这样认为，她觉得纳税光荣，这不是憨，而是一种荣耀。

陶华碧多次在大会小会上说："'老干妈'诚实交税，不做违法的事，是对党和政府感恩。'老干妈'的今天，得益于中华人民共和国成立、改革开放政策，得益于我们国家创业环境的改变，以及省、市各级领导对老干妈公司的呵护。就是在这种悉心扶持下，'老干妈'才有今天。所以，老干妈公司不但不偷税，而且还要按照国家规定交。能够为国家贡献力量，是我们企业家的荣幸。国家依靠税收，‘老干妈’多做一点没关系，企业干干净净，一分钱税都不漏。”

从老干妈公司开办以来，除了产品质量好消费者喜欢外，合法缴纳税金也是企业最大的骄傲。每年年底税务部门的总结会上，陶华碧也觉得很有面子，因为她总是作为税收缴纳及时且数额巨大的代表。这是公司的付出，也是公司的荣誉。

有一年的年终总结会上，税务部门统计时漏掉了老干妈公司一笔30多万元的税金，这样他们的税款就排在了第二名。“这怎么行？明明是我第一，你们工作失误我就成了第二。”陶华碧心想。如果是其他企业，肯定就会不再追究。陶华碧在会上当场发飙：“是谁把我们的税款数额弄错了？30万的税款你们给我弄到哪里去了？”

现场非常尴尬，税务部门工作失误了，就得承担责任。整个大会现场有各级领导和企业家，税务部门工作人员赶紧去查，结果发现陶华碧是对的，加上他们统计漏了的30万元税款，老干妈公司所缴税款就是第一。工作人员来找陶华碧，想私下把数字补上，糊弄过去。陶华碧说：“不行，奖金、奖品我一分不要，必须在大会上公开给我个说法，这是你们的工作，也是你们的职责！”

第二节　生活中真实的老干妈

陶华碧率直的性格肯定得罪了一些人，在和税务部门打交道中，难免就会有些坎坷。有些工作人员作风非常要不得，想明里暗里给陶华碧使绊子，找不痛快。

陶华碧也不是省油的灯，就和他们闹不愉快、拍桌子吵架。有些工作人员作风确实有问题，一吵问题就公开了，他们也会受到上级相应的批评教育。

这就是有党和政府的支持和关心，这就是改革开放以来营造的公平公正的市场环境。否则，遇到冤屈即便喊破喉咙也没人理你，更不要说有这样的底气去和这类人叫板。

面对媒体记者的各种围追堵截，一次偶然的机会，陶华碧给他们讲了这个故事，并被报道出来。很多人说，陶华碧胆子大！

陶华碧很少接受媒体采访，因为她知道祸从口出。与马云、董明珠、周鸿祎等高调的企业家相比，她非常低调，很少面对媒体，能不见则不见，除非非见不可。

陶华碧作为贵阳市南明区的企业家代表，经常会去一些场合发言。很多发言她都尽量推脱，不是担心讲不好，而是认为那不是自己的主业。她的主业是把企业办好，给国家交的税收一年比一年多。有时候实在没办法不去参加，有人给陶华碧拟了发言稿，她也不想花精力去记这些发言稿内容。所以，她发言就是想到什么说什么，想说什么说什么。她做的事是对的，说的话也就是对的；她做的事是错的，无论怎么说也是错的。

陶华碧知道这个道理，但始终还是保持低调。正是这种低调，给陶华碧蒙上了一层神秘面纱。

自厂子创办之日起，陶华碧就一直吃住在厂里。在没有豪华设备的董事长办公室隔壁，就是陶华碧的卧室，一张床，衣架上晾着几件半旧衣服，床头放着几个老式箱子，那还是她结婚时用的，一直留到现在。由于年龄大了，陶华碧将企业交给了孩子们来经营。虽然现在并不像从前那样天天不是待在办公室就是卧室，但她每月都要去厂里住上一个星期，而且会趁机到车间转转。她说自己最喜欢听到员工叫一声“老干妈”。

有人问陶华碧：“很多民营企业感叹生存环境困难，各种名目的税收，各种年检甚至潜规则，你创业过程中有没有这样的压力？”陶华碧告诉他们：“没有。”

为什么不怕各级部门来查？因为做人做事干净、坦荡。陶华碧说，企业走到今天，即使就是卖了个煤渣，都要缴纳税金；对供应商来说，不欠他们一分钱；对员工来说，按照国家政策不亏待；对顾客，从原料到每一道工艺，都认认真真去做，保证品质，从良心上对得起他们对“老干妈”的信任。

企业在创业过程中遇到各种担忧、潜规则，实际上是企业自身有问题，担心被人家抓了“小辫子”。

话虽如此说，但成功没有那么容易。一次，陶华碧出席全国人民代表大会时，鲜少接受媒体采访的她却哽咽落泪，随后发出的“太难了”“太苦了”的感叹不禁让记者动容。

第三节　绝不向政府伸手要钱

很多人形容陶华碧，总喜欢用“风风火火”四个字，除此还有另外四个字——朴实低调。《对外经贸实务》杂志上的《陶华碧：风风火火的“老干妈”》一文中写道：“虽然自己有宝马坐骑，但偶尔来到企业时，陶华碧绝大多数情况下都是挤公共汽车，按照她的话说这样与员工就没有身份距离感；出于孝心，两个儿子特地为母亲买了一幢别墅，但陶华碧说什么也不愿意过去住。她说这样的话就离公司太远了，自己随时来看员工就不方便，而且陶华碧喜欢与那些从公司中退休的大爷大妈们住在旧的房子中，她说这样大家闲聊和走动起来格外地便利。”

陶华碧有很多过人之处，如看不懂财务报表却能记住，不懂财务知识却能心算整个公司账务。作为辣酱帝国创始人，她用人也有自己的独到之处。公司发展壮大后，尽管有两个儿子的帮忙，但陶华碧还是觉得人才不够用。于是，她特地让人拟定了一份招聘广告投放在贵阳当地的报纸上。不久，有着本科学历的王海峰找上门来。

最初，陶华碧想让王海峰担任办公室主任，但她却没有马上任命，而是先让他在公司里做杂活，用陶华碧后来的话说：“这是淬火！”然后，王海峰又被派到全国各地执行打假任务，用陶华碧的话说：“这叫磨炼！”半年后，陶华碧正式让王海峰走上了办公室主任的岗位。后来，王海峰成了老干妈公司里的高管。

实际上，除了像在王海峰这样的骨干人才身上用心良苦外，对于整个企业管理人员的培养，陶华碧同样绞尽脑汁。特别是随着企业规模的慢慢壮大以及市场竞争的愈趋激烈，陶华碧已经明显地感觉到一些“土办法”很难管用。于是，她决定将公司的管理人员轮流派往广州、深圳、上海等开放城市，让他们去考察市场，到一些知名企业学习先进的管理经验。临行前，陶华碧直率地对这些外出学习的员工说：“我承认自己‘老土’，但你们别土，企业别土！”

低调做人、老实做事、不张扬是陶华碧的为人处事风格。作为全国人大代表，面对媒体“围堵”，她要么礼貌拒绝，要么索性“逃跑”。

有一年参加全国两会，在人民大会堂门口，陶华碧被一群记者围堵起来，无奈之下，只得故伎重演——逃跑。可喜剧的是，她一不留神跑错了方向，迷了路。后来，工作人员找了许久才找到她。

有一年，《福布斯》将陶华碧冠以“贵州首富”的名头推出，有人念给陶华碧听，惹得她勃然大怒。为此，她狠斥了总经理和董事长办公室主任。

公司越做越大，陶华碧却越来越低调。这实际上是她悟到了“财不露白”的道理，也深知炫富并不是好事。“老干妈”的管理团队，大概是中国目前的民营企业中最神秘的一支。陶华碧对他们有一个要求，就是不能接受外界采访。坊间对这支团队的评价大致为：忠诚、勤勉、低调。

但陶华碧在打假问题上则显得格外高调和激烈。据统计，目前市面上已经出现数十种仿制和假冒“老干妈”的产品。在陶华碧还是全国人大代表时，她几乎每年向全国人大提交的委员建议就是呼吁国家加大打击食品造假售假的力度。不仅如此，“老干妈”每年都会动用两三千万元的专项资金和派出大量人员到全国各地搜假打假。实在看不下去了，陶华碧就亲自披挂上阵。

鉴于老干妈公司的贡献，当地政府先后两次奖给陶华碧贵AA6666和贵AA8888的连排号车牌。

作为一个目不识丁的农村妇女，陶华碧却经常说：老干妈公司的发展，离不开党和政府的关心，离不开全国人民的支持。

经商的人，无论有没有文化，也要了解国家大事，只有如此，才能顺应时代发展的潮流。

20世纪80年代，国家鼓励自主经营，到处都是“下海”经商的人。陶华碧在结束短暂的打工生涯后，感觉到经商将会是未来的一个发展方向。所以，她选择加入经商的队伍。

后来，中央进一步加大解放民间经济的力度，加上贵阳市的发展趋势，让龙洞堡成了一个客商来来往往的繁华之地，实惠饭店也就在这前后开张了。

陶华碧每天都看电视，了解国家政策。在1994年左右，贵州省出台了针对民营企业的扶持政策。

1996年，陶华碧创办了“贵阳南明陶氏风味食品厂”。

后来，她扩大了生产，一是公司发展需要，二是她在电视上看到中央推出了西部大开发战略。

国家开始西部大开发，作为西部地区的企业不能闻声不动，应该要跟随西部发展的脚步，不断壮大自己。也只有这样，才能更多地给国家交税。这样的话，西部才能实现真正意义上的大开发。

陶华碧朴素地认为，国家要做大、做强、做好，实际上与我们每个人都有关系，经商的交税多了，企业壮大的同时，国家也就富强了。

2000年，老干妈公司实现产值1.5亿元，上缴税金2464万元。陶华碧想扩建厂房，就必须要有很大一笔资金，但她的资金大多数压在原材料上。公司一些员工跟陶华碧说，既然政府部门这样支持老干妈公司，不如再去请政府部门帮助他们解决资金周转问题。陶华碧想这也是一个方法。

贵阳市南明区委领导知道这件事后，立即开始协调中国建设银行给老干妈公司贷款。区委办工作人员打电话给陶华碧，让她去和他们谈一下。那时候，陶华碧没贷过款，不太清楚这一套流程。

她带着会计来到南明区委，坐电梯到区长办公室。这个电梯很旧，门都已经坏了。出门的时候，门竟然挂了她的衣服一下，把她挂倒了。

陶华碧不知道政府协调银行贷款是什么意思，当时还以为是政府借钱给她。于是，就给随同的公司会计说：“你看政府也很困难，电梯这么烂都舍不得花钱修。我们向政府借钱，给他们增加很多麻烦，我们不借钱了。”就这样，陶华碧和会计就回公司了。

第四节　有多少钱做多大事

从这些年来陶华碧接受媒体采访的情形来看，陶华碧有极强的运用媒体能力。或许大家会质疑这种说法，陶华碧只识三个字，如何懂得运用媒体？古话说：“假舆马者，非利足也，而致千里；假舟楫者，非能水也，而绝江河。”陶华碧不是媒体人，但未必没有驾驭媒体的能力。陶华碧与媒体打交道有一定的规律可循：

一是无关紧要的时机，不接受采访；

二是无关痛痒的话题，不接受采访；

三是需要舆论支持时，接受采访；

四是遇大事非说不可时，接受采访。

和湖南“老干妈”打官司的时候，湖南“老干妈”接受媒体采访造声势，陶华碧随即也接受媒体采访，对湖南“老干妈”的观点进行针锋相对的驳斥。

陶华碧在处理舆论事件和应对媒体方面，目标非常明确。“老干妈”就是一个做辣酱生产的，不是明星，不需要过度宣传。网络上出现一些对“老干妈”的无端指责，也不必过多理会。一个企业的精力是有限的，树大招风，企业大了，大家总会有这样那样的评判，如果都要一一回应，“老干妈”还需得组织一支专业队伍，耗费的精力未必就比搞好生产销售要少。因此，“老干妈”在处理舆论方面，往往是抓住关键，攻其要害。

比如打“商标战”时，在打官司的时候，双方还有一场舆论上的较量。由于与湖南“老干妈”的商标争夺拉锯战具有一定的典型性和代表性，舆论非常关注。舆论压力，往往能让事情得到公平公正的解决。陶华碧在这场舆论战中，就显得非常理性智慧，面对媒体的讲话主要围绕三个点：一是商标依理依法都是属于她的；二是她现在得到的结果是不公平的；三是如果对方赢了的话，是对保护市场经济秩序的亵渎，是对知识产权的蔑视，是对消费者的不负责。将自己身上发生的不公平事件，上升到市场经济秩序、知识产权甚至消费者的高度，可见陶华碧应对媒体的高明之处。

陶华碧的讲话有理有据，压根不像只识三个字的人。虽然她后来说，是请律师反复研究后回答记者的，但足见她在大事面前毫不含糊、谨言慎行。2006年左右，她接受《当代贵州》杂志、凤凰网等媒体采访，正是老干妈公司创办10周年之际。陶华碧认为，这对于老干妈公司是一个大事件。果然，接受采访后，《老干妈：从0到亿的传奇》《陶华碧：只识3个字的10亿身家老板》《站在42岁起跑线上的老干妈》等一大批关于老干妈的传奇故事出炉，将“老干妈”这三个字的传播推到了顶峰。

民间曾将娃哈哈、华为、顺丰和老干妈四家企业戏称为“不上市联盟”。2018年7月25日，深圳证券交易所联合贵州证监局、贵州省金融办对“老干妈”等三家公司调研，并参加资本市场服务实体经济座谈会，表示要为拟通过上市、发债等进入资本市场的企业服务，欢迎贵州企业去深交所上市、发债。此后，“老干妈要上市”“老干妈已进入上市培育期”等消息即被广泛传播。

陶华碧在接受贵州广播电视台的专访时又重申，“老干妈”不考虑贷款、参股、融资和上市，坚持有多少钱就做多少事。她还说自己是贵州人，要为家乡争光，所以“老干妈”永远不会离开贵州。

有关老干妈公司上市与否的新闻，几乎每年都会被媒体热炒一次。但2018年较为特殊，深交所、证监部门、金融部门同时调研老干妈公司，让外界误认为是老干妈公司即将上市的前兆。因此，陶华碧当时接受专访，其中一个目的是回应社会热议的上市问题。

陶华碧在整个创业的过程中，得到了政府部门的很多帮助。对于老干妈公司，各级政府部门也给予了很大支持，如不干涉“老干妈”的内部管理，为其提供一个理想的发展环境。因此，老干妈公司才能得到如此快速的发展。

第十一章

长远布局：站在行业制高点

第一节　进军海外市场的准备

辣椒是“老干妈”走向世界的关键。“老干妈”这个流行世界的品牌在贵州诞生，深层次文化背景是辣椒与贵州的渊源。

贵州省是食辣习俗和辣椒广泛栽培的重要起源中心之一，黔东北地区是辣椒进入贵州省最早的落脚点之一。贵州省辣椒研究所将贵州省辣椒资源划分为5个集中分布区，即牛角椒集中分布区，朝天椒集中分布区，线椒、牛角椒集中分布区，线椒、簇生朝天椒集中分布区，朝天椒、小山椒集中分布区。

贵州省辣椒的栽培历史悠久，有400多年历史，是全国辣椒种植和食用最早的地区之一，也是全国辣椒重点产区之一。

贵州省记述辣椒的最早文献是康熙时田雯的《黔书》和康熙六十一年（1722年）成书的《思州府志》。在此之前，辣椒主要用途不是作为调味品而是作为药材使用的。到乾隆时期成书的《贵州通志》《黔南识略》和《平远州志》都有关于辣椒的记述。这充分证明，当时贵州省吃辣椒已成风尚，辣椒种植已相当普及。乾隆后成书的地方志书基本都有关于辣椒的记载，如嘉庆年间的《正安州志》、道光年间的《松桃厅志》《思南府续志》《遵义府志》等。《遵义府志》记载：“《草花谱》：番椒，丛生，白花，子俨似秃笔头，味辣，色甚红，可观，子种。按：郡人通呼海椒，亦称辣角，园蔬要品，每味不离。盐酒渍之，可食终岁。其形有数种，长细角似者，名牛角海椒；细如小笔头、丛结、尖仰者，名纂椒。”

可见，至清朝道光年间，黔北种植辣椒和吃辣椒范围之广泛，且辣椒已有很多种类。

20世纪60年代，以绥阳小辣为代表的贵州省名椒在东南亚等市场上受到了欢迎，贵州省辣椒开始走向国际市场。20世纪80年代后，随着国家改革开放和经济大发展，极大地促进了贵州辣椒产业的发展。

特别是20世纪90年代后，随着社会主义市场经济体制的建立，以“老干妈”和虾子辣椒市场为代表的辣椒食品加工企业和辣椒集散市场逐渐走向成熟，使贵州省成了全国辣椒产业强省。

截至2019年上半年，贵州辣椒种植面积500.3万亩，约占全国的六分之一、世界的十分之一，产销规模全国第一。

近年来，贵州省委、省政府高度重视辣椒产业，将辣椒产业作为全省的特色优势产业、绿色生态产业、脱贫主导产业来抓。2019年，辣椒产业作为省领导领衔推进的十二大特色产业之一，整合资源、集中力量重点推进。

为了打破产业发展壁垒，搭建产业各经营主体之间的沟通、交流、合作平台，加强行业内部的信息互通和资源共享，在省农村产业革命辣椒产业发展领导小组的积极支持下，贵州省辣椒产业协会正式成立。作为辣椒产业的泰斗级人物，陶华碧出任了协会名誉会长。

辣椒产品的特性以及改革开放以后国际市场的需求，注定了贵州辣椒代表——“老干妈”油辣椒必将走向国际化，而走向国际化的前提是产品的标准化。

这么多年走来，陶华碧知道什么东西都要有标准。就像当年她带着没有食品生产许可、没有生产厂址等的产品推销给别人的时候，险些被人扫地出门。那时候，她就知道了一个产品要走向市场，必须要达到市场所需要的标准，一定要达到市场门槛。

这么多年来，陶华碧一直坚持把产品标准化：产品达到标准，瓶子达到标准。

由于“老干妈”的各种产品风靡国内，一些有见识的好心人来劝陶华碧：“你们产品这么好，应该打开国际市场。”在2001年之前，老干妈公司高层就达成了要走国际化路线的共识。

为什么呢？因为那几年，陶华碧知道中国正在准备加入世界贸易组织（WTO），她每天看新闻，知道这些事。陶华碧在想，中国加入了世界贸易组织，对于老干妈公司来说，会带来巨大的商机。一个企业的发展就是要跟上时代的发展。陶华碧虽然文化水平不高，但明白这个道理。

能不能拓展国际市场是一回事，有没有资质进入国际市场是另外一回事。都说机会总是留给有准备的人，所以，老干妈公司得提前准备。

陶华碧和两个儿子商量，要好好做大做强“老干妈”这个品牌，要把这个牌子打响，做成民族品牌。从1998年起，老干妈公司就开始派管理人员去广州、深圳、上海等地考察市场，学习先进的管理经验，开始为进军海外市场做准备。

第二节　“零缺陷”打造国际范

陶华碧知道，靠她刚创业的那套办法扩大市场已经不行了，市场要扩大到各大城市，就要了解这些城市的情况，虽然公司在贵州，但是想法和做法要和大城市同步。不然出去推销产品，别人说一样，老干妈公司说一样，不在同一频道。

老干妈公司的产品从1998年起就被贵阳市人民政府评为“贵阳市名牌产品”。由于产品质量很稳定，没有出过质量问题，老干妈公司还被贵阳市人民政府授予“质量管理先进企业”称号。

要走向海外市场，最根本的就是两条：一是产品质量过硬，二是产品要符合海外市场标准。所以，老干妈公司要建立一套质量管理体系，不断向现代企业靠拢。

陶华碧本人不断学习，公司管理人员也不断学习，了解进入海外市场的门槛到底难不难、能不能解决。

一次，公司管理层开会，陶华碧说她看电视上经常说中国要加入世界贸易组织，就找人打听中国加入了世界贸易组织对国内企业有什么好处。人家就告诉陶华碧，中国加入世界贸易组织之后，会给中国老百姓带来很多好处。比如，外国农产品将会大量地进入中国市场，一些优质的农产品将会以比较低廉的价格在中国市场上市。

由于关税降低，外国许多商品进入中国市场，价格将会比过去大大降低。如此一来，中国不仅能够有效遏制和打击走私等犯罪行为，而且老百姓还可以享受到各类既先进又方便的外国商品。加入世界贸易组织之后，许多高档消费商品有可能进入寻常百姓家中。例如，汽车和电信服务等高档消费商品的价格将会普遍下降，过去一些老百姓可望而不可即、想买而买不起的高档商品将会成为新的大众消费品。加入世界贸易组织之后，可以自由地把人民币存入外资银行，能够方便地去外资医院治疗，可以得到较好的医疗服务。

那么，会给老干妈公司带来什么机遇呢？他们这样解释：这之后，就会有利于我们国家扩大出口。中国在与该组织的成员国进行贸易交往时，都将享受到最惠国待遇。

陶华碧心想，这就对了！既然国家之间的贸易能更加顺畅，那么老干妈公司就应该把握这次机会，这也是时代给予“老干妈”的机遇。

有些高管睁大眼睛看着陶华碧说：“老干妈！你不会真想把我们的辣椒酱卖到国外去吧？《新闻联播》上讲的那些事情离我们远着呢！”

陶华碧给他们解释：“我们就是要把‘老干妈’的辣椒酱卖到国外去，《新闻联播》上播报的国家政策离我们不远。我陶华碧有今天，不就是因为国家实行了改革开放吗？中国加入世界贸易组织，也是改革开放的一项举措。我们要创民族品牌，就要响应国家号召，走出去。”

陶华碧问：“如果我们‘老干妈’产品要走出去，需要做哪些准备？”他们回答：“要通过一些国际标准认证，其中一项就是ISO9001国际质量管理体系认证。”

于是，陶华碧就让人把ISO9001国际质量管理体系读给她听。听完后，她大概明白了，国家和国家之间，往往会因为标准不一样，比如中国产品要卖去美国，不仅要符合中国的标准，还要符合美国的标准，所以要重复检验。为了消除贸易壁垒，就建立了一套质量管理的国际标准，即ISO9001国际质量管理体系。

这个ISO9001是随着商品经济的不断扩大和日益国际化，为提高产品的信誉，减少重复检验，削弱和消除贸易技术壁垒，维护生产者、经销者、用户和消费者各方权益而制定的。这个第三方认证方不受产销双方经济利益支配，公正、科学，是各国对产品和企业进行质量评价和监督的通行标准，也作为顾客对供方质量体系审核的依据。

陶华碧又问：“是不是通过认证的企业，在各项管理系统整合上已达到了国际标准？”他们回答：“是的。”

“那就赶紧申请ISO9001国际质量管理体系认证，看需要什么条件，提出来赶快准备。”陶华碧是个急性子，想到的事情就要马上去做。

2000年左右，老干妈公司就开始准备通过ISO9001国际质量管理体系认证。为什么确定“老干妈”要走国际市场？一些见过世面的、熟悉国际市场的人告诉陶华碧："老干妈，很多国家都非常讲诚信，你这种诚实守信、对产品质量非常执着的人，如果是在国外也会很吃香。"

陶华碧不知道国外的情况，但她想确实如此，只要是人，都不喜欢被人欺骗。老干妈脚踏实地做人做事，至少他们不会反感好的产品。

其实陶华碧这个人，她的人生财富不是"老干妈"产品，而是诚信。正是她始终坚持诚信和善良，所以口碑极好。大家提到"老干妈"，都会觉得格外亲切。陶华碧也知道，这就是今后"老干妈"产品走向国际市场的法宝。

在贵阳，很多当地人也很关心老干妈公司。一次，"老干妈"厂区出现了消防隐患，屋顶都冒了浓烟，但保安和工人很快就把火扑灭了。

第二天，有人来跟陶华碧说："老干妈，昨天的火灾上报纸了。"

报道的标题是《疑似工厂起火，请大家放心"老干妈"没事！》，内容则是说老干妈公司厂区发生了火灾，大家都为"老干妈"祈福，希望没事。记者向消防部门核实后，知道在消防救援人员抵达之前，火已经被扑灭了。

在很多贵州人乃至中国人心中，"老干妈"已经成了他们心中的骄傲。虽然他们没有直接受益，但他们知道，公司每年上缴的税金对于我们国家、我们民族的富强是有促进作用的。因此，当老干妈公司遇到困难时，他们是站在公司这边的。

"老干妈"产品几乎就靠口碑传播。渐渐地，全国人民都知道了"老干妈"这个品牌。

随着香港、澳门的回归，"老干妈"产品也逐渐进入了香港、澳门的市场。香港、澳门没有回归之前，老干妈公司主要布局国内市场；回归了，两地百姓肯定要吃“老干妈”油辣椒产品。待香港和澳门的超市都开始卖“老干妈”产品后，老干妈公司又将市场规划到了东亚地区。但是要进入东亚国家，有各种卫生门槛，不同地区和国家有不同的卫生标准。怎么办？在产品出口这些国家和地区之前，必须先拿到国际公认的卫生认证，拿不到这认证，想出口简直是天方夜谭。

所以，老干妈公司立即启动这项工作，先去美国食品药品监督管理局（FDA）注册备案。工作人员告诉陶华碧，这项认证可能需要几年；但陶华碧说需要几年就几年，早启动就可能早认证。

2001年，老干妈公司的产品就获得了美国食品药品监督管理局注册。注册是什么呢？就是他们机构基本上认可这个产品，但通过认证，还需要时间。得到了这个注册，意味着“老干妈”油辣椒制品在全球绝大多数的地区和国家免去了再次认证的麻烦，不少国家是认可美国这项注册的。

这样，第一批印有老干妈头像的油辣椒产品出口日本，并且很顺利通过了日本厚生省的卫生检测。接着，“老干妈”产品在北美、韩国、法国、澳大利亚、新西兰、新加坡等地打开了市场。当拓展海外市场的人来告诉陶华碧“老干妈”产品进入了这些国家的时候，她都有点不敢相信自己的耳朵。没想到这样一个从小饭店、作坊式生产逐步成长起来的食品企业，能够把产品卖到国外。

又过了一段时间，“老干妈”产品拓展到了泰国、西班牙、乌克兰、孟加拉国、巴拿马、比利时等国家。

随着这些市场的开拓，麻烦又来了，商标问题又成了开拓海外市场的绊脚石。

所以，在开拓市场的同时，老干妈公司就赶紧申请当地商标，保护“老干妈”这个品牌。比如，“老干妈”产品进入香港地区不久，就赶紧在香港注册商标；要到美国，就提前注册美国的商标。虽然如此，他们在进军德国市场时，发现“老干妈”商标已经被当地人抢注。所以，“老干妈”产品在走向国际的时候，不但要满足各种标准，还要开展专利战和商标战。

在海外市场，什么事都可能遇到，“老干妈”要做的就是遇到问题，赶快解决。刚开始，老干妈公司也各种不习惯，公司派去法国的管理人员告诉陶华碧，公司的规定是“不偷懒”，但国外不能这样。公司主管在下午5点左右打电话给当地工作人员开会解决当天出现的问题，结果一个都找不到。刚开始，公司的人觉得这样很不像话，在老干妈公司，管理人员必须365天24小时保持开机，一遇到紧急问题，必须要能找到人。

但是，法国的工作时间是每周5天，每天7个小时，薪酬却是国内管理人员的六七倍。如果不请当地人，语言不通，文化背景也不了解，就很难开展工作。他们给陶华碧反映时，陶华碧告诉他们，规定是死的，人是活的，在国外就遵循当地习惯。

海外市场比中国市场要复杂得多，因为标准不同，国家与国家之间的贸易战等因素都会影响到产品的销售。但作为企业，老干妈公司就是安心做好自己的产品，达不到标准的就改进。

第三节 有华人的地方就有“老干妈”

关于“老干妈”在国外受欢迎的故事很多，很多故事传回来后，陶华碧听了都很开心。据说一群在英国的中国留学生开圣诞派对时，觉得菜太难吃了。于是，有人拿出了一瓶“老干妈”，被大家争抢着吃完了。一些来自瑞士、英国的同学都特别喜欢“老干妈”，后来竟然发展到在脸书上成立了“老干妈爱好者协会”。

还有一个美国人迈克，他们一家人都很喜欢吃“老干妈”。每次吃“老干妈”油辣椒的时候，迈克总会把花生挑出来给妻子，当作给妻子最好的礼物。虽然每瓶油辣椒里的花生颗数较少，但妻子吃了也很开心，认为丈夫把最好吃的都给了自己。

就是这些故事，让陶华碧更加坚定要把产品做好，也感觉自己肩上的责任更加重大。这已经不是关系到她一个人，而是关系老干妈公司几千人的声誉。这也代表着中国声誉，代表着中华民族的品牌形象。

老干妈公司没有刻意去为产品做广告，但却挡不住人们外出都要选择带“老干妈”。有人总结，中国人出国旅游必备两大神器：杯面和“老干妈”。留学生带的神器也有“老干妈”。由于东西方饮食文化的差异，很多中国留学生很难适应没有油辣椒的西式饭菜，他们只要带上一瓶“老干妈”，就能找到家乡的味道。以前，“老干妈”的产品只在国内销售，所以留学生和华侨出国时都会带“老干妈”。

留学生们甚至改编了一句歌词：“左手一只鸡，右手一只鸭，背上还背着十瓶‘老干妈’。”

大家在口味上对“老干妈”产品的依赖，通过口碑相传，让“老干妈”产品传遍了世界。所以，当有人问陶华碧“老干妈”产品销往了哪些国家时，陶华碧也不能准确回答出来，但会骄傲地告诉他们：有华人的地方就有“老干妈”！

有一次，贵州有位记者在贵阳机场采访一位第一次来中国的非洲客人，问他初来贵州的印象，这位非洲客人用非常生硬的汉语但却异常响亮地说出了三个字：老干妈。

知道贵阳市南明老干妈风味食品有限责任公司的或许并不多，可提到“老干妈”辣椒酱，在国内可以说是家喻户晓、妇孺皆知。

从各个渠道都能了解到，国外很多人都喜欢“老干妈”产品。有一次，老干妈公司职员拿着报纸来给陶华碧说：“老干妈，你看国外很多人都喜欢‘老干妈’。”

陶华碧让她读给自己听，原来报纸上写的故事是：几年前，有位朋友去一个与中国建交时间不长的国家，在商场里看到唯一的“中国制造”就是“老干妈”。一打听，原来这还不是从中国直接进口，而是从第三国购买来的。

在国内，很多人给陶华碧另外起了个绰号叫“国民女神”。有人甚至将美国自由女神像用软件处理后，手里举着的是一瓶“老干妈”。

陶华碧给两个儿子以及公司管理人员说：“这么多人喜欢‘老干妈’是我们的骄傲，但是做好‘老干妈’的产品是我们的责任。喜欢吃的人越多，我们的责任就越大。”

至今，老干妈公司对海外市场的开拓已经历了20多年的风风雨雨。

有人问陶华碧：“你如何让产品长盛不衰？”

陶华碧回答他：“老干妈公司的运营理念是‘质量是企业的生命线，安全是企业的生存线’，老干妈公司把提高产品质量、保障食品安全作为重点。”

首先是保证原料的质量安全。老干妈公司先后在贵州各地建起了多个辣椒出口种植基地，所有出口产品均使用大豆油，其他原材料则对供应商的资质进行严格的审查、备案，对包装材料进行严格检验。

陶华碧一直都说，老干妈公司有今天，离不开国家，离不开党和政府的支持。公司产品在出口的过程中，得到了贵州检验检疫部门的大力支持。他们从信息、技术、科研、标准等方面为公司提供了有力的支持，如此才能进一步完善欧美发达国家和地区的市场准入备案，包括美国FDA备案、日本厚生省年检和韩国卫生部门产品检测等。老干妈公司就是用过硬的产品质量和安全，保证了在各个国家进口通关、市场销售等方面的顺畅性和安全性。公司统计下来，“老干妈”已经拥有世界五大洲50多个国家和地区的海外市场。2011年，老干妈公司出口量达1412吨，创汇500万美元，成为当时贵州省出口创汇第一的民营企业。

2005年，随着市场走俏，老干妈公司产能出现了严重不足。大把大把飘来的订单，公司根本接不过来。公司一直依赖一大批创业初期的技师，他们有着十几年的工作经验，掌握着配料的比例、炒制的火候、灌装的技巧等，而培养这样一个技师需要相当长的时间。如果继续遵循传统的手工生产模式，“老干妈”短时间内不可能实现质量和产量的双赢。要质量就保证不了产量，要产量就保证不了质量。

怎样才能解决这个问题呢？老干妈公司下决心把技改创新作为企业发展的第一要务，既要质量，也要产量。

有人问陶华碧：“老干妈，你都这么有钱了，还想扩大国外市场，赚那么多钱有什么用？”

陶华碧告诉他们：“‘老干妈’这些年来确实财源滚滚，但我的想法比你们单纯得多，国外很多人吃不到‘老干妈’，我觉得很难过。我就是要扩大生产，让他们能够吃到这样好吃的‘老干妈’。”

所以，陶华碧集中领导力量、技术骨干、专项资金，开始实施三次技改创新，通过自动化生产，不断提高生产效率。从2006年到2008年，老干妈公司投资1亿元实施一期技改，完成出口产品半自动燃气炒锅炒制品工艺，灌装半自动化，自动广口瓶清洗、消毒、烘干机，配料、车间和大型综合库房等项目。2009年，又花了2.9亿元向全自动化冲击，完成了机械化封盖、自动贴标、自动封箱、卸垛机、码垛机、自动炒制机等项目。如今，第三次技改创新就是朝着全智能化生产方向发展。

“老干妈”的生产、管理标准化和可复制化得以实现后，未来就能像肯德基和麦当劳一样，只要市场有需求、条件允许，就能随时实现快速生产。当然，这个技改过程中，也有很多故事，其中有一点就是陶华碧不相信机器，担心机器掌握不了配料的比例、炒制的火候、灌装的技巧等。

所以，当李贵山和李辉来对陶华碧讲用机器的时候，她始终持怀疑态度。经过大家反反复复的实验，最后生产的产品味道尝起来和她炒的差不多，才允许试运行，一段时间后技术成熟了才投入生产。在国际金融危机的影响下，海外市场的消费水平也在下降，很多国家对进口的产品也实行“打压”政策，因为他们要保证本国产品的消费。2007年以来，国内食品安全事件频发，食品安全成了百姓关注的热点。

在这两种压力下，食品生产企业的发展变得相当艰难。

第四节　不贪多，把一件事做精做透

为了让“老干妈”符合国际标准，打开国外市场，贵州出入境检验检疫局加大对老干妈公司的帮扶力度。他们增加了相应的监管程序，竭尽全力使“老干妈”出口销售量和出口效率不受或少受影响。

2008年，老干妈公司因为罐头瓶盖密封胶垫达不到欧盟的标准，被欧盟限令撤出。再加上“老干妈”产品主要采用传统外贸出口方式，对外贸公司倚重较大，市场销售也处于自然销售状态，无法有效掌控海外市场，海外市场的开拓较被动。

面对出现的一系列问题，陶华碧也不断总结。她给公司的管理层说：“遇到问题并不可怕，关键是要积极去解决问题。这些问题不是我们故意欺骗消费者，我们已经做到自己该做的，市场发现的问题将推动我们做得更好。我们按照国际标准执行，这样更能推动我们的产品走向世界。”

从2009年起，陶华碧就安排大儿子李贵山亲自挂帅，解决海外市场遇到的各种问题。在海外市场设授权代理商，经过对代理商实力和各项能力的考察后，选定进口国家和地区代理商签订严格的代理协议，并且实施代理保证金制度，还制定了严格的质量跟踪制度、安全保障制度、月度考核制度、市场拓展月报制度等。这让老干妈公司能够对市场拓展计划不断修正和调整，及时制定切合当地实际的市场营销方案。

这种全新的海外市场销售模式，使“老干妈”在与海外客户直接对接时，购货方相对集中。同时，贵州出入境检验检疫局也能在第一时间了解和掌握进口国的相关政策措施。

检验检疫部门的帮助为老干妈公司及时改进生产工艺提供了最直接的渠道，进口代理商也获得了产品质量、食品安全的保障，实现了多赢。

在打拼海外市场的过程中，老干妈公司经历了复杂严苛的食品出口程序、海外市场的品牌侵权案、产品质量的提升、食品安全的保障等，这些无一不考验着企业向外拓展的能力。

虽然国外市场任何一个国家和地区的销售份额都比不过国内随便一个省的销量，而且销售成本、风险都远高于国内，但考虑到海外留学生和华人华侨市场的需求以及企业的长远发展，陶华碧始终坚持选择靠质量拓展海外市场。

陶华碧的原则是，只要有海外订单，公司就会优先生产、优先出口，而且必须保证产品质量和安全。但是，再努力，也还会遇到一些问题。

“老干妈”油辣椒产品中的花生，国内外很多消费者都称赞，但是在出口澳大利亚时，却“惹祸”了。

一天上午，陶华碧刚到公司，就听说产品在澳大利亚被要求召回。她顿时紧张起来，心想这到底是怎么回事？他们已经尽力保证产品质量了！

到了下午，员工告诉陶华碧，澳新食品标准局对新州亚洲超市的“老干妈”辣椒酱实施召回，新南威尔士州食品安全局发言人解释说，召回的原因是目前的“老干妈”辣椒酱包装上没有标明其中含有花生成分，可能引起对花生过敏的消费者误食。

在澳大利亚，不少人对花生过敏。当地调查表明，澳大利亚1岁以下儿童中有3%对花生过敏。因此，澳大利亚要求食品标签中必须清楚标明是否含有花生成分。

这次涉及召回的“老干妈”辣椒酱共有480瓶，每瓶重270克。按照当地要求，消费者可以把买到的“老干妈”辣椒酱送回商店，全额退款。

说实话，这些召回产品的金额并不大，但是影响很大。网上有些人趁此机会就说，“老干妈”产品在澳大利亚被召回了，是不是产品质量有问题，各种声音都出来了。

陶华碧没有回应，因为在网上说“老干妈”好的有，对“老干妈”造谣中伤的也有，一一回应的话，要累得半死。陶华碧的原则是“老干妈”是生产企业，工作就是专心生产好“老干妈”产品，那些流言蜚语随它去吧！时间会让大家更能看清楚“老干妈”是个什么样的企业。

后来，贵州出入境检验检疫局对这次澳大利亚TEK SHING

TRADINGPTY公司（以下简称TEK公司）宣布召回一款贵州产“老干妈”辣椒酱消息作出回应，原来这个产品是非正常出口产品。

贵州出入境检验检疫局得知“老干妈”的产品被澳大利亚TEK公司宣布召回后，立即展开调查。调查后发现，这次召回的产品不是老干妈公司出口的产品。老干妈公司生产的国内销售产品中文标签上标注的产品原料均包括花生，而这次被召回的产品，是因为加贴的英文标签在翻译时被人为去除了原料中标注的花生。同时，宣布召回的澳大利亚TEK公司不是老干妈公司授权认可的澳方境内销售商。因此，这批产品未经贵州出入境检验检疫局检测，没有相应的检验和通关证明，属于非正常出口产品。

近年来，贵州省经出入境检验检疫部门检验检疫合格后出口的食品，并未被国外官方通报过，但国外通报召回贵州省出口食品等问题仍然时有发生。

贵州出入境检验检疫局通报，“老干妈”的产品近年来先后有四次被国外通报或召回，都是属于未经出入境检验检疫部门检验检疫的非正常出口产品。因国内外标准、饮食差异和国外对华贸易技术壁垒，这种通过非正规渠道流向国外销售的产品，很容易被国外官方通报。

陶华碧问工作人员：“为什么会出现这种情况？”他们解释说：“近年来，贵州省烟、酒、茶、辣椒等特色产品出口量大增，但类似于这次‘老干妈’因为非正规出口、不是授权经销商销售、不是产品本身质量问题而造成被国外官方通报的事件，对企业本身乃至贵州省食品出口的潜在负面影响极为严重。”

贵州出入境检验检疫局有关人员也告诉陶华碧，这种非正规出口给老干妈公司确实带来了很多负面影响，他们会联合相关部门合力打击非正常出口产品。检验检疫、海关、商务等部门发挥职能作用，出口企业发挥自身的监管作用，对出口“串货”等非正常出口行为严厉打击，加强贵州出口产品产地检验检疫力度，切实保护贵州省企业在海外的合法权益。此外，要抓好技术性贸易措施工作。检验检疫部门要把国外技术性贸易措施转化为出口监管的重要依据，充分利用技术性贸易措施对国内市场的倒逼作用，帮助出口企业提高产品质量。

虽然“老干妈”在海外市场遇到各种各样的麻烦，但并没有影响大多数人对“老干妈”的喜爱。

比如，这次澳大利亚“老干妈”产品被召回的事件，员工们很着急，纷纷说：“老干妈，这个会影响我们品牌啊！”

陶华碧告诉大家：“确实会影响我们品牌，但是我们身正不怕影子斜。这不是我们的原因，消费者知道真实的情况后，不会责怪我们的。”

你想想，这次事件“老干妈”就是受到无辜牵连，国内的产品上市标签上标注了花生的，但因为被国外一些非正规出口企业自己贴标签，翻译时把花生漏了，导致产品被下架了，品牌被通报了。但陶华碧相信，走得正，时间会让大家看到真相。

由于受关税、经销商等成本的影响，“老干妈”的海外市场没有像国内市场一样走低价策略，而是走高档路线。

在此过程中，有人也建议公司生产适合外国人口味的产品，陶华碧给他们说：“我们的核心竞争力就是我们的产品，只要坚持不懈地做好产品，大家就会喜欢。”

第五节　土作坊走出的“奢侈品”

2013年，“老干妈”被美国奢侈品电商Gilt看中，把“老干妈”产品说成是尊贵的调味品，限时抢购价也是折合人民币七八十元一瓶。这个事情被国内媒体报道后，大家都觉得陶华碧为中国消费者出了口气。因为苹果手机在美国便宜，但在中国贵。我们“老干妈”在中国超级便宜，在美国就贵。

这个时候，有人就来找陶华碧，让她说说对这件事的看法。她说：“我们的产品在国内确实便宜多了，我是中国人，我不赚中国人的钱，我要把‘老干妈’卖到国外去，赚外国人的钱。”

这话事后来想，可能有很多毛病，但陶华碧当时就是这么想的，她是个心直口快的人，想到什么就说什么。所以，“老干妈”的发展口号是“创民族品牌，立千秋大业”。“老干妈”就是要做让中国人骄傲的民族品牌，要把食品事业当成千秋大业来做。经过10多年的努力，2014

年底，老干妈公司收到了美国食品药品监督管理局（FDA）的通知，宣布贵阳南明老干妈风味食品有限责任公司通过美国FDA食品安全现场检查。

此前，为帮助老干妈公司通过FDA现场检查，贵州出入境检验检疫局也成立了专项工作组，来到老干妈公司进行专项帮扶指导。

2014年5月22日，FDA专员来贵阳对老干妈公司进行现场检查。最终，老干妈公司以“零缺陷”顺利通过。

2014年12月上旬，美国FDA正式以书面文件形式告知，“老干妈”至此赢得了产品进入美国市场的一张“绿色通行证”，成了贵州首家通过这项检查的出口食品生产企业。

《FDA食品安全现代化法案》（以下简称《法案》）非常严格，不仅要求进口商保证自己的食品来源完全符合美国标准，还规定获得注册资格的食品生产企业应接受美国FDA检查，若需复查还应支付必要的复查费用。

经常有中国食品企业因产品不合格而遭各种处罚。例如，2014年11月，4家中国食品企业进入FDA官网自动扣留列表，其中2家企业因不配合FDA食品检查而遭通报。生产厂家或者发货人只有提交证据证明产品达到了FDA的有关要求，经过申请，才可以解除“自动扣留”措施。

《法案》明确规定，对国外输美食品企业，自《法案》颁布之日起的1年内，应检查不少于600家，随后5年中每年检查企业数量不得少于上一年的2倍。2014年，FDA来到中国，对104家中国输美食品企业进行了现场安全检查，其中就包括老干妈公司。

如今，老干妈公司成了全国辣椒制品生产经营的龙头企业，其产品在国内市场占有率达60%以上，出口欧盟、美国、加拿大、日本、澳大利亚及新西兰等多个国家和地区。因此，贵州省已成为我国最大的辣椒加工制品产地和重要的辣椒种植区域，在全国辣椒产业中占有举足轻重的地位。

除了官方的认可，国外民间对“老干妈”的认可也是口碑相传。闲下来的时候，大家会把一些在网上流传的外国人对“老干妈”的评价念给陶华碧听。

Kae Winters：

香脆可口的辣椒在你的口腔中绽放，感觉太美妙了！我的朋友向我推荐了“老干妈”，我会一直吃下去的。这东西吃起来真是不错，还有很多脆脆的颗粒物，花生嚼起来太棒了！美妙的“老干妈”，美妙的鲜辣口感！

Austin Baldwin：

我觉得“老干妈”是中国卖到美国的最好吃的食物，有一股烟熏味，脆脆的、辣辣的、油油的，每方面都太完美了。但是，亚马逊卖得好贵啊，随便找一家当地的华人开的零售商店，里面几乎都有“老干妈”卖，一罐也就3~4美元。缺心眼才在网商手上购买“老干妈”。

辣酱成瘾者：

我家里有超过20种不同的辣酱，但是我觉得这款最牛。其他人对我说“老干妈”口感相当复杂，我得说我同意这点。这里面有辣油、辣椒片还有辣豆瓣（你简直无法尝出里面的豆瓣），还有花生，搭配起来太完美了！而且这款辣酱吃起来不像墨西哥的哈瓦那辣椒那样烧得你想死，而是温柔地在你的口中扩散。

Lauxydad：

老婆很喜欢，不过收到的时候盖子已经没了，辣椒油流得一盒子都是……我申请了退款，但是没人理我。下次再也不用亚马逊了，除非你们给我把这事解决了。

Erik Zenhausern：

我喜欢我的“愤怒女士辣酱”！我不知道这是不是中国来的，不过尝起来确实很“中国”。我简直停不下来，干脆直接从瓶子里舀着吃。真的好吃！

G. Day：

我十分痴迷辣酱，而且吃了超过50年了。这期间，我吃过许多不同的辣酱，但是没有一款比得上“老干妈”。我最喜欢的吃法是吃锅贴的时候蘸“老干妈”和白醋。里面的花生很有意思，让诱人的风味更上一层楼。啊，辣度也是那么合适！和哈瓦那辣酱比，“老干妈”自成一派。虽然我在自家旁边的华人商店里花2.39美元就可以买到一罐“老干妈”，但是我更愿意花上比这多得多的钱在亚马逊买。“老干妈”是辣酱中的杰作！我花我的钱买它，我愿意！

Mz Zavala：

这东西能成瘾！小心！我警告过你！有次，我逛一家亚洲人开的超市，想找一款辣酱，但是结果让我失望。我要找的是口味类似我在川菜馆吃的菜的辣椒酱。终于，让我在亚马逊找到了。评论看上去不错，所以我就买了两罐。我真的买对了！这罐辣酱有很多油，里面有脆辣椒，还有脆花生，好吃！辣度不错也不冲，咸咸的口感。很棒的调味品！

Joanna：

美国很难买到正宗的中国辣酱。所以，我总是吃习惯的辣酱，这款辣酱我喜欢了很多年了。“老干妈”系列有很多品种，不过我最喜欢油辣子，有股芝麻味道，尝起来和其他辣酱不一样。我还向周围的美国朋友推荐，我告诉他们：这可不是你们常吃的墨西哥辣酱！

David Dalton：

这是你厨房必备的调味品。我喜欢吃辣，这款辣椒酱介于中辣和微辣之间……准确说应该是比微辣再辣点，还没到中辣。

A. G. Smith：

我的一个中国朋友送给我的，我很喜欢，所以又买了很多。

Rjm1604：

Fuchsia Dunlop女士的《粒粒大米香》推荐“愤怒女士辣酱”，我以为这款是“愤怒女士酱料”（“老干妈”）才买的，结果不是。这款辣酱是炒菜调料，里面主要是黑豆子和辣椒。这东西应该是吃白饭、蔬菜或者饺子的时候配的。我吃了，还行吧，有点脆，不是很辣，也不是我想要的川菜的麻麻的风味。1/5瓶辣酱我可以干掉2碗糙米饭。不过8.59美元一瓶贵得离谱了点，我家旁边的华人超市只卖2.79美元。这家公司好像还生产别的辣椒酱，看起来我有必要都试试。有黑豆子的“老干妈”配料有：黄豆、辣椒、植物油、美味粉（味精？）（译者：这里应该是呈味核苷酸）、糖、芝麻、花椒。好吃。

Ren：

我是中国人，我爱吃“老干妈”。我给身边的美国朋友吃，他们也很喜欢。不过这并不是在中国销售的“老干妈”，中国卖的里面有豆瓣，这瓶里面一颗都没有。

Catherine Brady：

我定了9瓶“老干妈”，收到包裹时简直激动得要死！可是糟糕的是我收到时东西是装在一个垃圾兜里的，还碎了5瓶，而且还在不停滴油！你们亚马逊的快递敢再烂点吗？我是做餐饮的，本来都打算在亚马逊采购的，但是你们居然打碎了一半多？我还是换家公司买吧。

Carry. A. Lane：

儿子喜欢！收到的时候盖子开的，有些洒出来了，所以我担心里面的东西会变质，就把它丢了。但是，我儿子捡出来吃了，并且在我面前庄严起誓这是他吃过最好吃的辣酱。我又买了一罐，等我吃上了，我会给评论。

第十二章

与时俱进：避不开的品牌年轻化

第一节　资本凶猛，拒绝上市

2014年，“老干妈”入选了2014年中国最有价值品牌500强榜单，以160.59亿元的品牌价值名列第151位。

2016年，“老干妈”日均产能达到300万瓶，出口72个国家和地区，实现税收7亿元，被选为贵州“千企改造”工程的龙头企业之一。

随着陶华碧年龄的增大，老干妈公司逐渐由她的儿子李贵山、李辉接管，在公司一些重大事务上她才会参与。

很多人都想知道老干妈公司的未来发展。外界很多人有种观念，总是不看好家族企业，认为家族企业老人的领导地位很关键。

陶华碧却不这样认为，不是家族企业的公司，很多都赚不到钱的。大家不是一家人，就容易出现几条心。一个企业要发展壮大，就要大家一条心，才能把企业做大做强。香港地区李嘉诚的公司也是家族企业，西方国家一样有很多家族企业。家族企业并不是不要现代化企业管理的机制，同样要学习现代化企业的管理制度。在有现代化企业管理体系后，家族企业更能做大。她认为，历来的传统都是这样子，成功的企业往往都是家族企业。

由于老干妈公司是家族企业，也不太爱和媒体打交道，所以很多人都关心公司早期的股权分配。

公开资料显示，陶华碧大儿子李贵山占49%，小儿子李辉占50%，陶华碧只占1%。所以，老干妈公司是一个不折不扣的家族企业。

家族企业有悠久的历史，中国近代许多老字号，如同仁堂、全聚德等都是上百年的家族企业。国外也是这样，家族企业产生了很多著名的经商家族，如杜邦家族、福特家族、摩根家族等。很多人眼中的家族企业是这样的：封闭、家长制、思维僵化、子女挥霍无度。

家族企业的弊端，陶华碧早就听人说过。很多人来劝老干妈公司上市，对家族企业的未来进行了各种各样生动的解释，但陶华碧最后还是坚持走家族企业的道路。她觉得家族企业挺好，老干妈公司只有作为家族企业才能发展得好。

家族企业最大的长处就是大家团结，心往一处想、劲往一处使。李贵山高中毕业后就去部队当兵，转业后到206地质工程队工作。后来，油辣椒制品生意渐渐壮大，李贵山提出要来帮忙打理，但陶华碧觉得做油辣椒卖是个小生意，还是在国家单位上班稳当得多。最后，李贵山还是辞了职。

和儿子说话不用顾忌太多，什么话都能说，李贵山错了，陶华碧说他，也不用那么客气。后来，李辉也加入公司的管理，陶华碧整个人就轻松了许多。公司发展壮大后，需要一位总经理负责公司的日常事务，陶华碧就让李贵山当了第一任总经理。

在平时工作中，陶华碧就有意锻炼两个儿子，让他们熟悉从生产到销售的全部流程，甚至让他们去当工人，干体力活，这样他们才能知道公司发展的不易。

李贵山刚刚辞职来公司的时候，陶华碧特别生气，劈头盖脸一顿批评，批评完后就让他去一线车间。到一线车间后，他学习怎样剪辣椒把，怎样清洗、炒制辣椒，包括剁辣椒他都要学。然后，他了解了生产过程中的每一个流程，包括湿度、温度、时间的掌握，以及包装怎样密封等具体工作。

李辉进公司的时候，老干妈公司已经发展壮大，他完全可以做甩手掌柜，但陶华碧还是让他去一线工作。在处理公司很多重大的事务后，他也逐渐成熟起来。由于负责老干妈公司的财务工作，他还取得了高级经济师职称。

后来，李贵山拓展海外市场，常年待在国外，自然不能负责生产。生产管理不好，随时都可能砸了招牌。所以，他们兄弟俩上阵，李贵山负责销售，李辉负责生产。这样，陶华碧经营老干妈公司就轻松多了。

他们擅长做的，就由他们做；他们不擅长做的，就请人帮忙。

家族企业并不像大家想象中那样封闭和排斥外部力量，老干妈公司很多重要岗位都是有才能的人担任，而且还经常组织他们去外面学习一些先进管理经验。陶华碧自己也不断学习，为了解决一些财务问题，也跟着会计学习财务知识。虽然她对很多财务名词不了解，但她牢牢记住了一个简单的道理，进账减去支出就是剩下的。烦琐的算数她不会，但是这个道理她懂。这个道理很实用，在财务上员工蒙不了她。

有一段时间，员工数量不断增加，老干妈公司给员工包吃包住，需要盖一栋宿舍楼，改善他们的住宿条件。很多人会想，盖这么大的楼需要找专业的设计施工团队。

陶华碧就一直在琢磨怎样设计职工住起来才舒服，于是自己还画了个宿舍楼的草图。李贵山从美国回来笑她："妈呀，你这画的是什么？设计大楼是很复杂的事情！……"

后来，公司专业团队对陶华碧的草图进行修订后，最终真把她想象中的宿舍楼修了出来。

一个人有目标非常重要，如果没有目标，人就会像一只无头苍蝇一样到处乱飞，直到最后撞壁身亡。有的人目标大，有的人目标小，不管是大目标还是小目标，只要朝着目标努力，总有一天你会将其实现。

陶华碧这人做事，就是坚持有多大能耐做多大的事，如果去干超出自己能耐的事，早晚要出事。

老干妈公司在2013年实现了年销售收入37.2亿元，上缴税收5.1亿元。看到这个业绩，各种各样的人都来了，其中很多是来劝她上市的，政府部门的领导、市场上的投资者都有。

一些人转弯抹角找到陶华碧，给她说家族企业上市的好处。

第一，上市能够帮助家族企业实现低成本快速融资。融资是家族企业发展中非常棘手的问题，上市是家族企业在融资方面的相对低成本的工具，上市能够快速融资。

第二，上市的话，家族企业能减少对银行的依赖。在家族企业发展过程中，为了获得更好的发展，创始人往往会向银行申请贷款，这样就会对银行有一定的依赖性。上市后，家族企业能够迅速融到巨额资本，家族企业的负债率就会相应降低，对银行的贷款依赖随之降低，在银行的信用评级也相应得到提高。

第三，上市的话，可融资和再融资，实现家族企业的跨越式发展。公司的管理也会引进科学的管理方式，建立一套规范的管理体制和财务体制，有助于提升家族企业的管理水平。

陶华碧一开始对上市是什么也不了解，就让大家帮着参谋，结果发现，在欧美国家，许多优秀企业家对上市也十分保守和谨慎。

后来，陶华碧大概知道了上市是怎么回事，所以对来劝她上市的人说："你们不用劝我了，我坚决不上市，一上市就可能倾家荡产。上市那是用我们现在的业绩去欺骗人家的钱。把钱圈了，别人来入股，到时候钱被吸走了，留下我来还钱，我才不干呢。"所以，政府部门的工作人员来给陶华碧谈上市，她就直接说：上市免谈！

很多上市公司会不择手段去做业绩，也不管盈亏，业绩好了，投资者有信心，股票就好了。但是这些业绩对公司长远发展是否有利，他们不一定会管。陶华碧和她的"老干妈"不一样，她不骗谁，做事也是实打实地去做，不做假业绩。陶华碧有多少钱就做多少钱的事。早年间，她借钱给丈夫看病，利息都拖得她辛苦好长一段时间。那时候，为了还别人的钱，她早上卖菜，下午去石场背石头。此后，她做生意都是现钱现货。她不欠职工一分钱，不欠供应商一分钱，经销商也不能欠她的钱。

北京、上海很多机构都来找陶华碧谈上市，她觉得这是耽误时间。她擅长做的事就是炒辣椒，什么融资，什么资本运作，不会，也不想去碰。

一家北京公司来到贵阳，找了政府部门。政府部门也希望老干妈公司上市，准备来找陶华碧再谈。当事人都来到了贵阳，来到老干妈公司却被行政部门的人给拒绝了。

老干妈公司没有这个意向和需求，所以与这种机构没有什么好合作的。她给公司强调的“三不”原则就是不贷款、不融资、不上市。

之前确实有两家公司来和陶华碧谈过，后面来的，基本都拒绝了。

陶华碧教育两个儿子，要好好做人、好好经商，千万千万不要入股、控股、上市、贷款，这四样东西必须保证。陶华碧这么多年来就信奉这几条，这样才能保证子子孙孙都能一直做下去。

对于贷款，陶华碧是坚决抵制的，现在很多公司出现资金链断裂，一个看似很大的商业帝国瞬间就土崩瓦解。为什么呢？他们的发展超出了自己的能力范围。稳健的经营策略比盲目规模扩张要妥当得多，至少可以控制风险。有多大本事做多大的事，踏踏实实做，不欠别人一分钱。贷款方面，政府贴息的贷款她都不要。

不欠政府一分钱，不欠银行一分钱，不欠工人一分钱，不欠任何人钱，这样自己才安心。老干妈公司都是现金交易，货款两清。

他们跟陶华碧讲上市就是如何融资，如何扩大生产，这些老干妈公司不需要。完全依靠政府的扶持，就失去了奋斗的动力；完全依靠银行的贷款，就会对资金形成依赖。贷款、融资会让企业上瘾的，最后企业像温水煮青蛙，一点点被融资机构抽空，甚至可能导致倾家荡产。

老干妈公司机构不复杂，一切都以高效为原则。

公司没有设董事会、副董事长、副总经理，只有财务管理部、营销部、综合部、生产厂部和企业管理事务部。

老干妈公司的管理人员也要在一线拼命工作，陶华碧对他们有一条要求是不能接受外界采访，包括陶华碧在内，都很少接受外界采访。

陶华碧说，办企业的不是明星，不需要时刻都在电视上、报纸上晃，公司要做的是自己的本职工作，把时间和精力都用到本职工作上。

很多人对陶华碧的评价是“靠心算管财，靠亲情管人”。她不识字，不懂财务知识，只靠好记性。她看不懂财务报表，但是大家拿来念给她听，听上一两遍就能记住，通过心算就能知道数字是否有问题。很多人觉得这奇怪，认为这是天赋。其实不是，市场上卖菜的，很多人心算都很厉害，卖菜的时候，价格不一样，重量不一样，但要瞬间算出价格来。买菜的人不可能等你用计算器，所以很多卖菜、卖水果等做小生意的人，心算都很厉害。

家族企业的好处是不像有些非家族企业那么死板，比如国企，他们就有一套严格的作息时间。老干妈公司则不然，根据工作特点和需求，给员工提供灵活的工作方式和休假时间。如果公司遇到什么问题，该停产休息就停产休息，很灵活。

老干妈公司通过诸如“不偷懒”这样的规定，让员工提高工作效率，提高公司的生产能力。虽然是家族企业，但老干妈公司始终把社会责任放在首位，因为社会责任关系到公司品牌形象，关系到公司的长远发展。

第二节　神秘大股东李妙行

2017年1月，外界突然说陶华碧退股了，一个叫李妙行的神秘人拥有了老干妈51%的股份。有人从工商部门的网站上查询到，陶华碧已经从公司股东中删除了，李贵山持股49%，李妙行持股51%。他们还查询到，“老干妈”旗下另一家企业贵阳南明春梅酿造有限公司，也曾于2014年发生过投资人信息变更，陶华碧和李辉从股东名单中消失，股东变更为李妙行一人，共出资1500万元。

由于老干妈公司平时很少和媒体打交道，大家对此都很好奇，为什么会把这么多股份转给“神秘股东”李妙行？为什么李辉没有股份呢？各种猜测、各种想象都出来了，有人还在网上搜索，知道了李辉担任贵阳市南明区政协副主席，分工为根据工作需要联系非公有制经济方面的工作，同时也是老干妈公司总经理。

此外，800万元的劳斯莱斯幻影、500万元的劳斯莱斯古斯特、奔驰

G级越野、宝马745，以及车牌贵AA8888、贵AA6666、贵AD9999和贵AW7777等话题又被翻了出来。大家都只关心陶华碧的财富，没有注意他们的奋斗精神。

一些自媒体说："拥有'老干妈'51%股权的李妙行，则很少有公开信息，据称也是家族成员。"

一些媒体记者还从国家知识产权局网站查询到，2010年以来，老干妈公司共拥有专利37项，其中属于李妙行的专利有3项。他们分析说，从李妙行控制或参股老干妈公司及分公司、子公司的路径来看，对于这个以不贷款、不融资、不上市的家族管理模式著称的公司，李妙行很可能是其"自己人"。后来，2017年胡润排行榜出来后，大家都说陶华碧没上榜，风光不再了。也有心细的媒体发现，陶华碧虽然落榜了，但李妙行和李贵山却榜上有名，分别以38亿元及37亿元的财富值排在贵州富豪榜前十位。他们还将两个人的财富值加起来，正好75亿元。为什么是75亿元呢？因为前一年，陶华碧恰好以75亿元的财富值排行第四。

后来求证的电话越来越多，陶华碧只有让她的秘书去给大家解释：李妙行是李辉的曾用名。

大家可能都会注意到，陶华碧是全国人大代表，但是因为身体原因，已经缺席了2016年和2017年的全国两会。人老了，当年创业时因太过辛劳而造成的各种问题就来了，陶华碧的颈椎就有因为长期站、背、挑落下的病根，一遇天气变化就非常不舒服，只能多休息。到北京开会间隙，她也要去对颈椎进行治疗，否则痛得受不了。

陶华碧老了，她的两个儿子将继承老干妈公司。两个儿子经过这么多年的磨炼，陶华碧相信他们能坚守“老干妈”的传统，守住这份历经千辛万苦打下的家业。

通过20多年的发展，“老干妈”已经成为海内外华人中脍炙人口的辣椒调味品品牌。

如今，老干妈公司已拥有分布在贵州省内的三个生产厂区，总面积达750亩，员工近5000人。每一天，“老干妈”都在为超过200万的消费者提供多种美味、健康的产品。

第三节　启用大数据平台

很多人都想不到，老干妈公司会有自己的大数据平台。

2016年，在南明区政府的引导支持下，老干妈公司投入近700万元，量身定制了一套运营大数据监管平台，通过“一带一路”销售监控、最受欢迎产品分析、产品经销商分析、原材料价格监控（产地自然灾害预警）等6个模块，优化了对原料采购、产品生产、成品销售等各环节的控制和管理。

过去，老干妈公司靠打电话监测市场行情，信息反馈滞后；现在，靠大数据把脉，可以精准把货物投放到市场。老干妈公司根据运营大数据监管平台实时监测数据，以顾客需求为核心调整产品营销策略，实现了生产销售无缝对接、产品上市精准投放，让受欢迎产品供应充足，其他产品不积压。

前不久，老干妈公司就根据市场需要推出了植物油火锅底料和糟辣火锅底料两款新品。根据大数据监管平台“产品经销商分析”模块的监测数据显示，植物油火锅底料在北方市场较受欢迎但配额不足，在西南市场却配额过剩，糟辣火锅底料的情况相反。于是，公司及时对两个区域的销售和配额计划进行调整，调减部分产品补充到对向市场。现在，两个产品的销售额月均增长10%以上。

油辣椒制作需要的原材料有辣椒、菜籽油、花椒、大豆等。这些原材料的采购与储备，直接关系到企业的成本控制、利润空间和生产稳定，可以说是企业运作的生命线。而辣椒的收成受天气等自然因素影响大，不确定因素很多。以往单靠市场调研员很难摸透瞬息变化的市场行情，现在“老干妈”大数据监管平台“原材料价格监控（产地自然灾害预警）”模块的运用，则有效解决了这一问题，降低了采购风险。

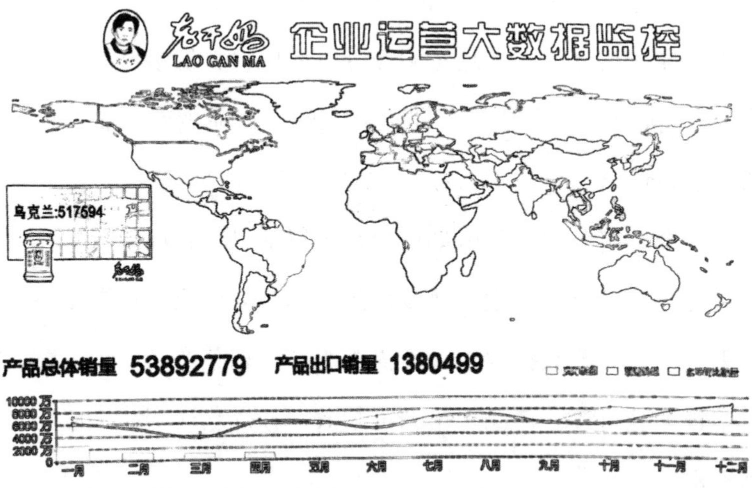

与时俱进，大数据技术助力老干妈公司运营

2018年6月，甘肃、四川等花椒主产地发生冰雹自然灾害，大数据监管平台的“原材料价格监控（产地自然灾害预警）”模块尚在试运行过程中就第一时间对此作出了预警。公司立即作出预判，调整采购战略，确保了花椒的安全库存。“老干妈”大数据监管平台上线后，通过对原辅料采购的监测预警和提前处置，以及对人工运用的精准测算，企业年均节约成本15%~20%。

第四节　玩跨界，震荡了时尚圈

公司交给年轻人来打理后，大家心中那个炒辣椒的“老干妈”已经升级成了大数据时代的“老干妈”了。陶华碧不懂什么叫大数据，只知道这个平台能够及时收到消费者数据和反馈，并且公司可以根据这些反馈作出相应市场调整。

通过大数据监管平台“最受欢迎产品分析”模块汇总的数据，老干妈公司可以对各销售区域消费者的口感进行综合分析，以大众口感为依据指导新产品的研发。同时，新产品上市后，公司又能依靠此模块重点关注消费者对香、辣、咸等指数的反馈情况，据此对产品加以调整和优化，有效增强产品的市场适应性，确保新产品做到研发一个、做活一个、畅销一个。

2018年9月18日，“老干妈”的天猫旗舰店发布了一款“99瓶老干妈+OC定制卫衣”套餐，定价1288元，商品刚一上架就被抢购一空。这款卫衣最先亮相是在2019春夏纽约时装周“中国日”第二季活动中，“老干妈”和Opening Ceremony合作的卫衣瞬间吸引了全世界的目光。这款“老干妈”卫衣是大红色，与其辣酱外包装颜色相同，胸前印着“老干妈”三个大字以及陶华碧的头像。有网友形容，穿上这件卫衣就是一瓶“行走的老干妈”。

陶华碧承认，自己已经跟不上年轻人的思维，他们的做法和自己的做法已经有所不同。对于她的继承人们，她希望他们敢于这样改革创新。

中国改革开放就是这样，唯改革者进，唯创新者胜。

热爱生活的人们对美味无止境的追求，就是老干妈人努力工作的无穷动力；顾客持久满意并认可，就是老干妈公司的奋斗目标。

一直以来，“老干妈”坚持品质至上，对每一个辣椒、每一粒黄豆等原料都精挑细选。为了调制出更符合市场需求的口味，“老干妈”面向全国采购辣椒，将不同地区、不同品种、不同辣度、不同香味、不同色度的辣椒进行科学“拼配”，调制出畅销全球的产品，创造出消费者最满意、最熟悉、最认可的味道，使“老干妈”从贵州走向全国、走向世界。

参考文献

[1]李琦晨．辣道至简：老干妈陶华碧的经营智慧[M]．北京：新世界出版社，2015．

[2]周锡冰．老干妈的香辣传奇[M]．广州：广东经济出版社，2016．

[3]布衣．传奇老干妈[M]．北京：中国言实出版社，2013．

[4]李运娥．云关村与老干妈的故事[M]．贵阳：贵州人民出版社，2001．

[5]张立娜．老干妈创始人陶华碧：我不坚强，就没得饭吃[M]．北京：华文出版社，2016．

[6]詹永发，周光萍，田应书等．贵州省辣椒栽培历史及主要类型与分布研究[J]．北京农业，2015（27）：35-39．

[7]肖露．陶华碧三个第一，四个心愿[J]．当代贵州，2006（24）：14．

[8]张锐．陶华碧：风风火火的“老干妈”[J]．对外经贸实务，2015（9）：12-16．

[9]刘海荣．“老干妈”落户贵阳[N]．中国商报，2003-06-10．

附录：“老干妈”的这些年

1998 年

被南明区授予“先进纳税户”称号

被南明区地方税务局授予“先进纳税大户”称号

系列产品被贵阳市人民政府评定为“贵阳市名牌产品”

被贵阳市人民政府授予“质量管理先进企业”称号

被贵阳市技术监督局评为“贯彻实施技术监督法规先进企业”

产品“老干妈风味豆豉”被评为“贵州省名牌产品”

1999 年

产品“老干妈风味油辣椒”被评为“贵阳市（推荐）名牌产品”

产品“老干妈风味油辣椒”被评为“贵州省名牌产品”

被中共贵阳市委、贵阳市人民政府评为“贵阳市十强民营企业”

被南明区评为"经济工作先进单位"

被南明区评为"十佳纳税企业"

"陶华碧牌"老干妈商标被评为"贵州省著名商标"

被中国食品工业协会授予"全国质量效益型先进企业"称号

2000年

被评为"贵阳市南明区重点企业"

被评为"贵阳市非公有制经济先进私营企业"

被中共贵州省委、贵州省人民政府授予"贵州省非公有制经济'明星企业'"暨"一九九九年度发展乡镇企业'先进企业'"称号

产品"老干妈鲜牛肉末"被评为"贵州省名牌产品"

被农业部评为"全国乡镇企业质量管理先进单位"

2001年

被贵阳市人民政府授予"党建文明先进单位"称号

荣获"'十强'纳税大户"称号

被贵州省农业厅等十二厅局评为"贵州省农业产业化经营重点龙头企业"

被中国食品工业协会评为"中国农业产业化经营20大龙头食品企业"

系列产品被评为"2001中国国际农业博览会名牌产品"

2002年

被贵州省国家税务局和贵州省地方税务局共同评定为“诚信纳税企业”

被贵阳市人民政府授予“非公有制工业企业党建先进单位”称号

被中共贵州省委、贵州省人民政府授予“1999—2002年度文明单位”称号

被中共贵州省委、贵州省人民政府评为“发展乡镇企业先进单位”

年度纳税额在国家税务总局统计的排行榜中名列中国私营企业纳税第5名

通过ISO9001国际质量管理体系认证

2003年

被贵阳市人民政府授予“党建文明先进单位”称号

荣获“‘十强’纳税大户”称号

被中共贵阳市委、贵阳市人民政府评为“‘十佳’明星企业”

成为“贵州质量诚信企业联盟行业独家发起单位”

被评为“贵州省食品工业杰出企业”

注册商标“老干妈”被评为“贵州省食品工业著名品牌”

被中共南明区委、南明区人民政府授予“纳税突出贡献企业”称号

被贵阳市人民政府授予“非公有制工业企业党建先进单位”称号

年度纳税额在国家税务总局统计的排行榜中名列中国私营企业纳税第10名

2004年

产品"油辣椒"被评定为"绿色食品"

被中国保护消费者基金会评为"质量放心、用户满意"双优品牌

产品"鲜肉丝豆豉"和"红油腐乳"分别荣获贵阳市优秀新产品三等奖和鼓励奖

荣获"2003年度重点非公有制经济优势企业"称号

注册商标"老干妈"被贵州省工商局评为"贵州十佳著名商标"和"消费者喜爱的品牌"

被农业部、发改委、财政部等8部委认定为"农业产业化国家重点龙头企业"

被中国食品安全年会组委会授予"全国食品安全示范单位"称号

被贵州省国家税务局和地方税务局共同评为"A级纳税信用企业"

年度纳税额在国家税务总局统计的排行榜中名列中国私营企业纳税第25名

通过ISO14001环境管理体系认证

2005年

被授予"首届贵州省50家诚信单位"称号

被授予"依法治厂示范单位"称号

被授予"贵州省知识产权试点单位"称号

被农业部、发改委、财政部等8部委评为"农业产业化国家重点龙头企业"

被授予历届中国食品博览会参展产品“最佳成果奖”

产品“鲜肉丝豆豉”“香辣脆”“辣三丁”和“辣子鸡”被评为“贵阳市（推荐）名牌产品”

被农业部评为“全国农产品加工示范企业”

被贵州省国家税务局和贵州省地方税务局共同评为“A级纳税信用企业”

年度纳税额在国家税务总局统计的排行榜中名列中国私营企业纳税第37名

2006 年

通过HACCP认证

系列产品荣获2006“开磷杯”多彩贵州旅游商品“两赛一会”贵阳市选拔赛旅游商品设计大赛优秀奖

系列产品荣获2006“开磷杯”多彩贵州旅游商品设计大赛特别提名奖

荣获“中国名牌产品”称号

荣获“2005—2006年度全国食品工业优秀龙头食品企业”称号

2007 年

“陶华碧老干妈及图”荣获“驰名商标”称号

2014 年

入选2014年中国最有价值品牌500强榜单，以160.59亿元的品牌价值名列第151位。

2017 年

公司营业收入45.49亿元，纳税额7.55亿元，排名贵州民营企业100强第2位，仅次于贵阳一家房产商的8.34亿元。

2018 年

中国品牌价值评价信息发布，公司以品牌价值121.48亿元排名食品加工企业第2位。

2019 年

公司销售收入突破50亿元，再创历史新高。全年完成销售收入50.2251亿元，同比增长14.43%；上缴税金6.36亿元，同比增长16.82%。

2020 年

全年完成销售收入54.0009亿元，比2019年多增超3亿元，同比增长7%。